LES MYSTÈRES

DU

VIEUX PARIS

PAR

PIERRE ZACCONE

II

PARIS

GABRIEL ROUX ET CASSANET, ÉDITEURS,

24, rue des Grands-Augustins.

1854

LES MYSTÈRES
DU
VIEUX PARIS

NOUVEAUTÉS EN VENTE

LES CONFESSIONS DE MARION DELORME

PUBLIÉES PAR EUGÈNE DE MIRECOURT,

Précédées d'un coup d'œil sur le siècle de Louis XIII, par Méry.

PARIS. — IMPRIMERIE SIMON RAÇON ET Cie, RUE D'ERFURTH, 1.

LES MYSTÈRES

DU

VIEUX PARIS

PAR

PIERRE ZACCONE

II

PARIS

GABRIEL ROUX ET CASSANET, ÉDITEURS,

24, rue des Grands-Augustins.

1854

II

Le bal

En quittant Mouchy, Rustique se mit à parcourir Paris. La population emplissait les rues de la capitale jonchées de fleurs et d'herbes odorantes ; l'agitation qu'avait éveillé le passage du cortége royal n'était pas encore calmée; il régnait de toutes parts un mouvement extraordinaire, c'était un flux et reflux incessant, plein d'émotion et de murmures; on eût dit un fleuve, dont les ondes tourmentées viennent d'être sillonnées par la quille profonde d'un vaisseau de haut bord.

Rustique avançait lentement et sans trop savoir où il allait. Il marchait au hasard, sourd aux bruits qui se faisaient à ses côtés, prêtant l'oreille seulement à ces voix douces et tendres, qui, montant de son cœur, lui disaient toutes les charmantes incertitudes de son amour.

Ce n'est pas, en effet, sans une profonde hésitation qu'il songeait au rendez-vous que lui avait donné Mouchy.

Aller à la cour, se mêler à la foule

des seigneurs qui devaient encombrer les grandes salles du Louvre, oser pénétrer, lui, inconnu, lui sans nom, lui, manant peut-être, dans cette vieille et redoutable demeure des rois, c'était, sans contredit, un acte audacieux, et qui ne manquait pas de danger..... mais Rustique possédait toute l'audace nécessaire pour l'accomplir, et jusqu'alors il n'avait reculé devant aucun péril.

Là n'était donc pas la source de son hésitation. — Si d'ailleurs il n'avait été poussé à ce rendez-vous que par un simple sentiment de curiosité, son parti eût été vite pris, et jamais il n'eût songé à tenter l'aventure.

L'espoir de voir Marcelle et de lui parler,

ne fût-ce qu'une seconde, avait pu seul le décider.

Certes, et nous l'avons dit déjà, Rustique n'était pas un homme à se laisser arrêter par des considérations ordinaires; il l'avait déclaré lui-même à Coquastre et à d'Aubigny, il était seul au monde, rien ne pouvait l'effrayer; et le premier sentiment qui s'emparerait de sa pensée, devait l'absorber tout entier ; il aimait Marcelle, comme on aime à cet âge, avec un oubli complet de toute chose ; il était libre de tout engagement antérieur, l'avenir était bien à lui, puisqu'aucun lien ne l'attachait au passé. Il ne pouvait donc ne prendre conseil que de son cœur, et s'abandonner sans arrière-pensée à cet amour qui le sollicitait avec tant d'autorité.

Toutefois, au moment de s'engager plus avant dans cette voie dont l'issue lui était fermée, au moment de tourner la première page de ce livre mystérieux où sa destinée était écrite, et de pénétrer dans ce monde inconnu qui s'ouvrait pour la première fois devant lui, comme il sentait l'importance d'un tel acte, et ne voulait pas l'accomplir légèrement, que sa vie tout entière, c'est-à-dire, son bonheur, allait peut-être en dépendre, un frémissement singulier remua tout son être, et sa pensée inquiète chercha à soulever le sombre voile qui lui dérobait l'avenir.

S'il avait été aimé de Marcelle, la question eût été simplifiée, et aucune hésitation ne se fût manifestée dans sa pensée.

Mais la fille du prévôt ne l'avait jamais vu, elle ne le connaissait même pas; entourée de jeunes seigneurs qui ne cachaient ni leurs désirs, ni leurs prétentions, peut-être même s'était-elle déjà laissée toucher, et avait-elle fixé son choix. Tout était possible; pour parvenir jusqu'à elle, pour lui parler seulement, il fallait traverser ce cercle obstiné d'adorateurs jaloux que la jeune fille entraînait partout sur ses pas. — Quel espoir restait à Rustique dans une pareil situation? Il avait une épée, bonne tout au plus à tuer un rival, et impuissanté à en écarter cent.

Tout en songeant ainsi, Rustique avançait pas à pas, et sans but arrêté. La journée était magnifique, l'air, plein de chaudes et voluptueuses senteurs.

A son insu, le jeune homme subissait les influences enivrantes de la température. — Balzac l'a observé: il y a dans l'air des dernières journées de l'hiver, d'âpres et pénétrants parfums qui communiquent aux sens, ce qu'il appelle *l'ardeur de la fécondation*. Le cœur semble alors se dilater; l'âme s'ouvre plus avide, aux vivifiantes émanations du printemps, la sève circule plus active dans les veines, les membres acquièrent une souplesse et une force nouvelles; c'est comme une régénération physique et morale. — Jamais la vie n'a paru si douce, jamais l'amour n'a prodigué de plus enivrantes caresses...

A mesure que Rustique avançait, l'image de Marcelle se présentait à lui, plus vivante et plus belle ; une molle langueur se lisait dans son regard à demi voilé ; elle croisait chastement sur son sein ses deux bras blancs, comme pour en comprimer les battements, et un vif et doux sourire égayait ses lèvres roses. — La charmante créature allait à Rustique, comme la vierge biblique, vers l'époux que son cœur a choisi, émue, rougissante, cachant à peine sous son dernier voile, et ses dernières pudeurs et ses premiers désirs.

Qu'elle était belle ainsi !...

Qui ne se serait senti troublé en la voyant, qui ne l'aurait aimé d'un fol et ardent amour !

Rustique redressa le front. C'était trop d'hésitation dejà. Il rejeta loin de lui toute idée importune, chassa résolument de sa pensée tous ses doutes et toutes ses incertitudes, et souriant de pitié aux obstacles qui l'avaient un instant arrêté, il quitta les rues dans lesquelles il errait à l'aventure, et prit la direction de sa demeure.

Il espérait rencontrer d'Aubigny et Coquastre, mais ni l'un ni l'autre n'avaient reparu : il rentra donc à son logis, et disposa tout pour paraître, comme il convenait, à la fête du Louvre.

Il songea d'abord à son costume.

Celui qu'il portait était beaucoup trop modeste pour figurer avec avantage au milieu des jeunes seigneurs, resplendissants d'or et de velours, qu'il devait y rencontrer. Il comprit combien il était important qu'il s'en procurât un autre.

Malheureusement, sa bourse était vide, et il ignorait, à ce moment, cet art merveilleux, si souvent mis en pratique à toutes les époques, et qui consiste à vivre aux dépens de son prochain.

Alors il se rappela le riche costume qui lui avait été apporté la veille d'une façon si mystérieuse.

Il se mit à l'examiner.

Le costume était splendide et rien n'y manquait; l'occasion le tenta... et puis, Rustique se trouvait dans l'impossibilité d'en avoir un autre, dût-il le choisir moins somptueux.

Il l'essaya.

Le pourpoint allait à ravir, et faisait

valoir toute l'élégance et toute la souplesse de sa taille : le haut-de-chausses, orné de fines dentelles, semblait avoir été fait sur mesure; la toque elle-même le coiffait à merveille; quand il se fut affublé de ces divers effets, il ne put plus se résoudre à les quitter.

Une chose l'inquiétait encore cependant.

Sur le retroussis de la toque, étaient gravées des armoiries qu'il ne connaissait pas. Pourquoi ces armoiries, et à quelle maison appartenaient-elles ; n'était-il pas à craindre qu'elles ne le compromissent? Après avoir mûrement réfléchi, et pesé toutes les chances qui lui étaient réservées, il préféra tenter l'aventure, sans rien faire pour se prémunir contre les dangers auxquels il allait peut-être se trouver exposé. D'ailleurs, il comptait bien demander, à ce sujet, quelques explications préalables à Mouchy.

La pente naturelle de ses pensées le ramenait peu à peu au point de départ.

C'était, après tout, un singulier introducteur que Mouchy. Ce grand diable d'homme avait des allures étranges; sa voix sonnait désagréablement à l'oreille; tout le monde le connaissait et il semblait connaître tout le monde. Son extérieur, d'une maigreur remarquable, annonçait, par des signes éclatants, la force, l'assurance et l'audace. Son œil couvait d'ardentes étincelles, sa parole était brève et comme habituée au commandement.

Rustique s'étonnait...

D'où lui venait cette autorité, dans quel sentiment puisait-il son audace ; à quelle cause fallait-il attribuer cette influence qu'il exeerçait autour de lui, sans que l'on parût même disposé à la lui contester ?

Il y avait là une énigme. — Rustique réfléchit longtemps.

Heureusement pour lui, sa détermination était déjà prise à ce moment, et tous les doutes qui s'élevèrent de son cœur ne purent l'arrêter davantage.

D'ailleurs, c'est Marcelle qu'il aimait, et non Mouchy ; et, pourvu qu'il entrât au Louvre, et qu'il pût s'approcher de Marcelle, ou la voir seulement, il n'en demandait pas davantage.

Pendant que ces incertitudes se disputaient ses résolutions, la nuit était venue, et le moment du rendez-vous approchait; Rustique se disposa à partir.

Il était près de huit heures quand il arriva à l'endroit du Louvre qui lui avait été désigné le matin; il trouva Mouchy qui l'attendait.

— Ah! ah! mon jeune ami, lui dit son introducteur, dès qu'il l'aperçut, vous êtes un homme exact, à ce que je vois...

— Je vous ferai le même compliment, repartit Rustique.

— Oh! moi, répondit Mouchy, c'est la moindre de mes vertus; si j'avais manqué d'exactitude, il y a vingt ans déjà que je serais pendu.

— Vraiment?

— C'est comme je le dis.

— Alors je vous félicite de posséder une aussi précieuse qualité.

— Voyez-vous, jeune homme, poursuivit complaisamment Mouchy, dans la vie, tout dépend, non pas des choses que l'on entreprend, mais de l'heure à laquelle on les exécute. Ce qui est bien aujourd'hui, sera peut-être mal demain. La véritable science, la seule, consiste à ne rien faire qu'à son heure, et en son temps... Si vous aviez manqué, cette nuit, d'exactitude, peut-être perdiez-vous la plus belle occasion qui vous sera jamais offerte, de faire votre chemin et sans doute votre fortune.

— Vous croyez?...

— J'en suis sûr.

— Nous allons donc au Louvre?

— Ne vous l'ai-je pas promis?

— Je n'osais y compter.

— C'est-à-dire que vous doutiez que j'eusse le pouvoir de vous y introduire.

— Peut-être.

Mouchy sourit, et couvrit Rustique de son regard investigateur.

— Fort bien, reprit-il bientôt... il paraît cependant que vos doutes ne vous ont pas empêché de vous préparer pour la fête.

— Il le fallait bien.

— Savez-vous que votre costume est charmant?

— En vérité?

— Et vous avez tout à fait bon air avec ce pourpoint de velours.

— Vous trouvez?

— Sur mon âme, toutes nos grandes

dames vont devenir amoureuses de vous.

Mouchy examinait avec attention les détails du costume dont Rustique était vêtu; — quand il en vint à la toque, il poussa un léger cri de surprise.

— Qu'avez-vous? dit Rustique étonné.

— Oh! moins que rien.

— Mais encore.

— J'admire, mon jeune ami, comme la science des détails vient promptement à un garçon intelligent et aventureux.

— Je ne vous comprends pas.

— Si c'est un hasard, poursuivit Mouchy, il est grand; si c'est préméditation, elle est profonde; est-ce vous qui avez donné le dessin de ces broderies qui brillent au retroussis de votre toque?

— Mais...

— Répondez.

— Cette question...

— Vous voulez être discret, soit ; mais je devine.

— Quoi donc?

— Eh vive Dieu!... ces armoiries ne sont-elles pas celles de la famille du prévôt!...

Rustique eut comme un éblouissement, et frémit de tous ses membres ; — si Mouchy disait vrai, qui donc lui avait envoyé le costume qu'il portait à cette heure?

Toutefois, malgré le profond saisissement qu'avaient jeté en lui les paroles de son interlocuteur, il conserva assez de force pour dissimuler, et se contenta de sourire.

D'ailleurs, Mouchy ne s'appesantit pas davantage sur ce détail; les minutes s'écoulaient rapides, les salles du Louvre commençaient à s'emplir, il était temps de partir.

Ils s'éloignèrent.

Amesure qu'ils approchaient, Rustique sentait son cœur battre avec violence dans sa poitrine : c'était vers l'inconnu qu'il s'avançait ainsi. Qui sait ce qui l'attendait au bout du chemin...

La fête lui parut splendide, et digne d'un roi qui monte sur le trône de France!

Le vieux Louvre s'était comme transformé pour recevoir son hôte illustre. Les vastes cours solitaires étaient peuplées de valets et de chevaux, le marbre des escaliers résonnait sous les hallebardes des Suisses, les galeries s'animaient des gais propos des pages et des seigneurs ; les grandes salles, naguère silencieuses et sombres, resplendissaient maintenant de cristaux et de dorures, et jetaient à profusion la lumière étincelante de leurs mille bougies, sur le monde charmant des femmes de la cour.

Le commencement d'un règne est toujours si plein de promesses : on remet tout à neuf pour ces occasions solennelles, les visages comme les pourpoints.

Rustique fut ébloui, autant peut-être par la richesse et la profusion des ornements, que par la gaîté sereine qui éclatait sur tous les fronts. Pour lui, qui n'avait jamais vu la cour, c'était un spectacle auquel rien ne pouvait être comparé dans ses souvenirs!... A ses yeux tout était franchise et sincérité, et il se sentait heureux à voir la confiance et l'amour dont le roi était entouré. Il ne put cacher sa satisfaction à Mouchy, qui haussa les épaules, et fit une moue équivoque.

— Sans doute, sans doute, lui dit-il à voix base et en l'entraînant dans l'embrasure d'une fenêtre, cette fête est magnifique, et l'on a fait ici des dépenses excessives ; les femmes sont belles et gracieuses, les seigneurs spirituels et gais ; les salles même ont revêtu un air de fête qui sied bien à une pareille solennité... Mais, ne vous hâtez pas trop de juger sur les apparences, mon jeune ami, et n'oubliez jamais qu'à la cour de France, tout visage est voilé d'un masque.

Et comme Rustique allait se récrier :

— Aujourd'hui, ajouta-t-il d'une voix

singulière, c'est le masque de la joie, — demain peut-être, ce sera celui de la douleur.

Rustique regardait son interlocuteur avec étonnement : il ne pouvait se résoudre à ajouter foi à ses paroles ; il y avait même dans l'accent dont elles étaient prononcées, une certaine amertume qui révoltait son cœur loyal et franc.

Mouchy poursuivit :

— Tenez, dit-il, en lui désignant l'éblouissant cordon de jeunes femmes qui animaient la salle en ce moment. Avez-vous jamais, dans vos rêves les plus ambitieux, entrevu, par hasard, des fronts plus purs que ceux-ci, des yeux plus vifs, des épaules plus éclatantes, des tailles plus souples et plus élégantes ; vous souriait-on avec plus de grâce qu'aujourd'hui ; et vos nuits, agitées par toutes les ardeurs de l'amour, vous ont-elles jamais promis plus de bonheur et plus d'ivresse que cette nuit même?... Eh bien, tout cela, mon jeune ami, n'est qu'un impudent mensonge.

— Que dites-vous? — fit Rustique.

— Ah! cela vous étonne, continua Mouchy ; quoi donc... le roi n'est-il pas jeune encore; la favorite n'est-elle pas vieille déjà? Je vous réponds, messire, que le souvenir de la duchesse d'Étampes a causé plus d'une insomnie aux vierges de la cour.

En parlant ainsi, il s'était encore rapproché de Rustique, et l'enveloppait d'un regard profond.

— Mais elles ont beau faire, ajouta-t-il

alors à voix plus basse, si Diane de Poitiers doit être détrônée, ce ne sera, ni par madame de Flamyn, ni par madame de Savigny. — N'êtes-vous pas de mon avis?...

Rustique regarda Mouchy sans comprendre le sens mystérieux de ces paroles; son interlocuteur lui frappa familièrement sur l'épaule.

— Allons, dit-il avec gaîté, décidément vous poussez trop loin la dissimulation...

— Et pourquoi dissimulerais-je?...

— Je ne sais...

— Ne pouvez-vous parler autrement que par énigmes?

— Je ne le puis.

— Moi, je ne suis venu au Louvre que pour voir la fille du prévôt.

— Et vous la verrez, messire, vous la

verrez, belle, heureuse, enviée; elle passera au milieu de la jalousie des femmes, et de l'adulation des seigneurs; elle vous apparaîtra plus souriante encore que dans vos rêves... Suivez-la bien alors... ne la perdez pas de vue... observez ce qui se fera à ses côtés, écoutez ce qui se dira sur son passage; et quand vous aurez vu et entendu, venez me trouver, mon jeune ami, et je vous dirai ce que je prétends faire de vous et pour vous.

Mouchy salua sur ces mots, et alla se mêler à la foule, laissant Rustique en proie à mille inquiétudes...

En entrant, ce dernier avait été frappé de l'atmosphère chaude et parfumée qui régnait de toutes parts; son regard s'était allumé, son cœur avait battu, il s'était senti troublé, presque enivré par les senteurs énervantes qui flottaient dans l'air.

Ces femmes aux épaules nues, aux gracieux et provocants sourires, ces jeunes seigneurs, audacieux et libertins, ces riches tentures d'or et de velours, ces bougies, ces fleurs, tout, jusqu'aux musiciens, dont les violes et les hautbois faisaient entendre de douces et suaves mélodies, avait contribué à le transporter vers le monde de l'imagination.

Il revoyait là, réel et vivant, sous ses yeux, tout ce qu'il avait entrevu dans ses nuits ambitieuses ; cette animation, cette gaîté, ce mouvement, il connaissait tout cela ; les flots de femmes et de seigneurs passaient à ses côtés, pleins de murmures et de parfums, et il se rappelait confusément les avoir aperçus, naguère, à travers la vapeur transparente de ses rêves.

Mouchy lui avait bien dit qu'à la cour chaque visage est toujours voilé d'un masque. — Mais, qu'importe le visage, quand le masque est joli?

Rustique était admis, pour la première fois, au splendide banquet des joies de ce monde; comme un viveur novice, il sentait déjà l'ivresse lui monter au cerveau, et troubler sa raison: une certaine ardeur circulait dans ses veines, son regard se voilait sous sa paupière, son cœur se fondait sous les promesses que lui jetait chaque œillade ou chaque sourire.

La vie lui apparaissait belle, heureuse et douce; sa lèvre frémissait, comme à l'attouchement passionné d'un baiser invisible, son être ployait tout entier, sous l'empire de sensations nouvelles!

Et il ne se défendait pas!

Il comprenait l'inutilité de ses efforts dans un pareil moment... Vaincu, avant d'avoir engagé la lutte, il ne tentait même pas de dissimuler sa défaite. L'image de Marcelle avait d'ailleurs disparu de ce nouvel horizon que lui ouvraient ses sens: son regard l'y eût cherchée en vain. C'est dans le ciel de ses rêves que Rustique avait placé Marcelle; il la perdait de vue, dès qu'il retombait sur la terre.

Cependant un mouvement extraordinaire, qui se manifesta dans les salles voisines, vint tout-à coup l'arracher à ses préoccupations : un murmure confus s'éleva alors de tous côtés; les regards se portèrent avides vers la porte d'entrée, le roi lui-même abandonna l'estrade qui lui avait été élevée, pour aller recevoir la personne dont ce mouvement annonçait l'arrivée.

Marcelle entra.....

Marcelle, svelte, élégante, radieuse, portant sur le front l'orgueil légitime de sa beauté, souriant à ces hommages qui l'accueillaient, passant au milieu de ce concert équivoque d'adulations intéressées ou malignes, sans y rien comprendre, sinon qu'elle était belle et qu'on l'admirait.

La joie naïve de son cœur éclatait dans tous ses traits, et quand elle s'approcha du roi, qui l'attendait l'œil en feu et la poitrine émue, elle lui sourit comme elle aurait fait à son père.

Rustique sentit alors un cruel déchirement s'opérer en lui — et il songea à Mouchy...

Et en se rappelant les paroles que ce dernier avait prononcées avant de s'éloigner, il lui sembla qu'un voile épais tombait tout à coup de devant ses yeux.

Le vague soupçon de la réalité venait de traverser son esprit.

C'était horrible !

Marcelle était sereine ; sa candeur et sa pureté ceignaient son front comme d'un divin diadème ; de pareilles suppositions ne pouvaient évidemment l'atteindre...

Et cependant...

— Voyez ! disait-on à côté de Rustique, comme les fils du prévôt sont accueillis par le roi.

— Ceux-là, ajoutait un autre, n'auront

pas gagné leur fortune à la pointe de leur épée.

— Diane, poursuivit un troisième, était moins jeune encore et moins belle, quand elle obtint la grâce de son père !

Rustique écoutait, et le rouge de la honte montait à son front, et la colère emplissait sa poitrine ; vingt fois, un nuage passa sur ses yeux, et il fut sur le point de souffleter du plat de son épée ceux qui tenaient de pareils propos. Mais de quel droit aurait-il agi de la sorte ; qu'était-il dans cette fête ? quelle raison aurait-il donnée d'un pareil oubli de lui-même ?

Il se contint.

Seulement sa main crispée tourmenta à plusieurs reprises la poignée de son épée, et il jugea prudent de quitter la salle dans laquelle il se trouvait ; il avait besoin de solitude.

Il parcourut ainsi plusieurs galeries, où la foule moins compacte laissait la circulation plus libre ; l'arrivée de Marcelle avait attiré tous les courtisans ; certaines salles, tout à l'heure encombrées, se trouvaient maintenant désertes. Il régnait de ce côté un silence profond qui contrastait singulièrement avec les autres parties du Louvre ; le murmure de la foule, le son des instruments n'y arrivaient plus qu'affaiblis par la distance, et comme un écho harmonieux d'un autre monde. — Cet isolement convenait à l'état de Rustique ; le souvenir de la fête lui pesait, il eût voulu la fuir, il regrettait d'y être venu ; depuis quelques instant son cœur battait à se rompre, sa tête était en feu, il regardait avec une étrange et morne fixité, l'eau de la Seine, qui coulait lente et sombre le long de la berge. Il maudissait et Mouchy, et Marcelle, et le roi !...

C'était la première fois qu'il aimait, et déjà son cœur saignait, et il éprouvait toutes les tortures de la jalousie.

Et tout en maudissant les causes de ces tortures, il se demandait encore s'il lui appartenait bien de se montrer irrité. — Marcelle l'aimait-elle, savait-elle seulement qu'il existât ; la catastrophe qu'il redoutait n'était-elle pas considérée par tous, comme une chose naturelle, et parfaitement conforme au mœurs de la cour ?

Il se laissa tomber accablé sur un fauteuil.

L'endroit dans lequel il s'était arrêté, offrait le retrait le plus charmant qu'il eût encore vu. Des tapis moelleux y assourdissaient le bruit des pas; de riches et élégantes tentures masquaient les portes; les murs y disparaissaient sous d'opulentes tapisseries de haute lice; çà et là, quelques glaces à biseaux, et plusieurs tableaux d'un grand prix, complétaient l'ameublement dont le bon goût était mis en relief par la douce et pâle clarté d'une lampe d'albâtre.

Rustique promena son regard sur les objets qui l'entouraient; mais à ce moment, le bruit d'une conversation, tenue près de lui et à voix basse, vint détourner son attention.

C'étaient deux voix de femme. — Il n'en

était séparé que par une simple tenture, et pouvait tout entendre sans être vu...

Il écouta.

— Savez-vous, Eléonore, disait l'une, que ce jeune homme a tout à fait bon air, et qu'il porte son épée comme un parfait gentilhomme ?

— Vous l'avez donc vu ? répondait la seconde voix.

— Je n'ai vu que lui.

— Il est si jeune encore !...

— Charmant défaut.

— Et il s'ignore...

— Cela lui passera bien vite...

— Tenez, Diane, je ne sais pourquoi... mais j'ai eu peur en le voyant tout à l'heure entrer, le front souriant, et le regard séduit...

— Vous êtes femme, et vous tremblez !

— La cour est si pleine de dangers.

— Il les vaincra.

— Il a déjà tant d'ennemis.

— Personne ne le connaît...

— Ah ! je crains bien que Mouchy ne l'ait découvert.

— Mouchy ! fit la première voix, avec un éclat de rire qui résonna à l'oreille de Rustique, comme une ravissante musique.

Puis il y eut un silence.

— Mouchy, reprit la même voix, du même ton enjoué, il s'occupe de trop graves affaires en ce moment, pour songer à vous et aux vôtres.

— De quoi s'occupe-t-il donc ?

— De Marcelle !...

— Et que veut-il faire de la pauvre enfant?

Ici, les deux voix se turent ou parlèrent plus bas, et il ne fut plus possible à Rustique de rien démêler.

Toutefois, comme sa curiosité était éveillée au dernier point, il se leva.

A tort ou à raison, il lui semblait qu'il n'était pas étranger à la conversation de ces deux femmes; leurs paroles avaient un sens transparent, sous lequel il pouvait croire qu'on avait voulu le désigner; d'ailleurs, elles avaient prononcé le nom de Marcelle, et il lui importait de savoir la vérité de ce sujet.

Le retrait dans lequel il se trouvait n'avait qu'une issue visible, il y marcha; une résolution soudaine se lisait sur son front et dût son cœur être déchiré, il voulait apprendre si Marcelle était encore digne de son amour ou si elle ne méritait plus que son mépris.

En quelques pas il eut gagné la porte... mais au moment où il allait en soulever la tapisserie, il recula avec effroi, retint un cri de surprise, et recula de quelques pas dans la pénombre de la salle.

Il venait d'apercevoir Marcelle, qui se dirigeait vers lui.

Marcelle marchait d'un pas rapide, et comme poussée par une pensée inquiète. Son regard avait une mobilité vague, ses joues étaient vivement colorées, toute sa physionomie accusait une sorte de désordre mental qui frappa Rustique, et l'épouvanta presque, elle était seule cependant, et nul ne la suivait.

Elle portait à la main un petit *loup* de velours dont la mode était fort répandue à cette époque ; ses épaules nues semblaient frissonner au contact de l'air moins chaud qui régnait dans les galeries, et ses cheveux, à moitié dénoués, pendaient de chaque côté de son beau col.

Elle jeta un vif coup d'œil dans la salle, et entra en laissant retomber la tapisserie derrière elle. — Elle se croyait seule.

Elle se dirigea alors vers un prie-Dieu placé à l'extrémité, et s'étant agenouillée, elle prit sa tête dans ses mains et pria.

Rustique la regarda sans oser ni faire un pas ni respirer.

Il avait déjà oublié ce qui s'était passé,

et Mouchy, et le roi, et les deux femmes, dont il n'était séparé que par une simple tenture; tout entier au bonheur de voir Marcelle, de la sentir près de lui, de vivre dans le même air qu'elle, il retenait son souffle, et comprimait les battements de son cœur.

Quelques minutes s'écoulèrent. — Marcelle était toujours agenouillée, et d'instant en instant, des mouvements fébriles et convulsifs agitaient ses bras qui se tordaient : ses épaules remuaient comme si un frisson glacé les eût effleurées; ses mains pressaient son front, comme si elle eût voulu retenir une pensée près de lui échapper.

Que se passait-il en elle, d'où lui venait cette émotion, à quel sentiment attribuer cette sorte de fièvre qui animait son regard et glaçait ses membres?

Rustique se sentit ému et troublé.

Marcelle souffrait, et bien qu'il ignorât la cause de sa souffrance, elle trouvait un écho sympathique dans son cœur. Il était homme, lui, et il ne pouvait voir cette douleur muette et navrante, sans en être profondément touché.

Il fit un pas vers la jeune fille.

Mais, avec quelque précaution qu'il eût effectué ce mouvement, Marcelle l'entendit, et mue par une singulière épouvante, elle se retourna vivement de son côté, et se prit à le considérer avec ce regard vague et fixe qui avait déjà effrayé Rustique.

Ce dernier étendit les bras vers Marcelle,

comme pour la rassurer, mais la jeune fille avait senti son épouvante se calmer à sa vue, et un sourire plus étrange encore que sa frayeur, vint à ce moment plisser ses lèvres.

Alors elle examina lentement la salle dans laquelle elle se trouvait, elle parut chercher comment et pourquoi elle y était venue, et s'étant levée, elle marcha vers un fauteuil sur lequel elle s'assit, en faisant signe à Rustique de s'approcher.

Rustique obéit.

Il comprenait cependant que sa présence en cet endroit, pouvait être taxée d'indiscrétion, et tout en s'approchant, il voulut protester de ses loyales intentions.

— Pardonnez-moi, madame, dit-il d'une voix tremblante, pardonnez-moi; tout à l'heure, en vous voyant venir, je n'ai pas eu la force de m'éloigner.

— Pourquoi vous éloigner? demanda Marcelle avec étonnement.

— Vous cherchiez la solitude?

— En effet...

— Ma présence pouvait être indiscrète.

— Le croyez-vous?

— Je le craignais.

Marcelle sourit et lui tendit la main.

— Restez, lui dit-elle avec une grâce infinie, je cherchais la solitude, c'est vrai; maintenant elle m'épouvanterait.

— Vous souffrez! fit Rustique, fasciné par tant de bonté et tant de douceur.

— Je ne sais.

— Vous êtes pâle cependant.

— J'ignore ce que j'éprouve : ce bruit,

ce mouvement, ces lumières, ces parfums, tout cela m'a enivrée un moment et j'ai eu peur.

— Pourquoi?

— Je ne me le rappelle plus.

Rustique ne savait que penser : quelque chose d'extraordinaire se passait évidemment dans l'esprit de Marcelle, mais il n'osait l'interroger de peur de l'effrayer davantage.

— Je vous ai vue tout à l'heure, reprit-il bientôt après; vous arriviez, et votre présence a donné à la fête une animation et une vie nouvelles.

— Vous y étiez?

— Tous les yeux se tournaient vers vous.

— On disait que j'étais belle?

— Le roi surtout.

— Le roi ! fit la jeune fille.

— Il vous a parlé?

— Le roi...

— Ah! lui aussi, vous trouvait belle entre toutes... et quand il s'est penché pour vous le dire, sans doute, vous m'êtes apparue comme la véritable reine de cette nuit féerique.

Marcelle frissonna, et jeta à Rustique un regard où éclatait tout l'orgueil dont son cœur était rempli.

— Vous n'êtes pas le premier qui me tenez un pareil langage, messire, répondit-elle avec hauteur, et je voudrais bien savoir ce qui peut autoriser, de votre part, des suppositions aussi peu généreuses.

— Madame... balbutia Rustique confondu.

— Ils le disent aussi... poursuivit la jeune fille, du même accent saccadé, j'ai lu l'ironie sur leurs lèvres... et le rouge de la honte est monté à mon front.

Elle se tut un moment, comme pour fixer sa pensée qui la fuyait, puis elle poursuivit presque aussitôt, mais cette fois, d'un ton plus mordant et plus fier.

— Oh! dit-elle, en pinçant ses lèvres pâles... c'est un honneur que d'être aimée du roi...

— Mais vous ne l'aimez pas?

— Moi!

— Il y a dans votre regard trop de pureté, trop de candeur sur votre front, trop de fierté aussi dans votre âme, pour que vous consentiez jamais à une pareille infamie...

Marcelle sourit :

— Et pourquoi cela, demanda-t-elle, en regardant Rustique dans les yeux.

Celui-ci pâlit.

Etait-ce effronterie — naïveté — ou ironie!... Il n'aurait pu le dire; malgré lui, il se sentait envahir par une secrète et indicible épouvante, et c'est à peine s'il eût pu répondre aux propos incohérents de la jeune fille.

Un moment même, il crut qu'elle avait été frappée de folie!

Cependant Marcelle était devenue tout à coup sérieuse et grave; elle fit quelques pas à travers la chambre, sans proférer une parole, et revint bientôt après se rasseoir à sa même place comme accablée de lassitude.

Rustique la suivait du regard, sans rien comprendre à son attitude.

— Vous n'êtes pas depuis longtemps à Paris, messire? demanda enfin Marcelle, d'une voix qui n'avait plus rien de heurté ni de fébrile, et avec un sourire où reparut toute sa grâce sereine et charmante.

— Un mois au plus, répondit Rustique.

— Vous connaissez peu la cour?

— En effet.

— Quand je vous ai vu tout à l'heure, il m'a semblé pourtant que vous ne m'étiez pas inconnu?

— Il serait possible.

— Je me trompais sans doute?

— Non, oh! non, madame, dit Rustique, enhardi tout à coup par cette révélation, il n'y a qu'un mois, en effet, que je suis à Paris, mais pendant ce mois qui vient de s'écouler, je vous ai vue souvent.

— Serait-ce à l'hôtel de Nevers?

— Je n'y suis jamais allé.

— A l'hôtel des Tournelles?

— Pas davantage.

— Où donc alors?...

— Dans la rue, madame.

Marcelle le regarda d'un air nonchalant.

— Ah! vous me suiviez, reprit-elle aussitôt.

— Je vous suivais.

— Vous m'aimez donc?

— Comme le roi... plus que le roi, dit

Rustique, avec un élan qu'il ne put maîtriser.

Puis, comme il vit que la jeune fille ne témoignait aucune colère de cet aveu, que son regard conservait au contraire cette même expression vague et langoureuse qui avait éveillé toutes les ardeurs de son cœur, il continua en se rapprochant d'elle, et en baissant la voix :

— Tenez, madame, dit-il avec une profonde émotion, ma vie a été, jusqu'à ce jour, livrée aux hasards les plus étranges ; je suis entré dans le monde par une porte inconnue, sans savoir ni d'où je venais, ni où j'allais. J'ignore comment on se comporte à la cour, et de quelles paroles il faut faire usage, quand on s'adresse à une femme jeune, belle et bonne comme vous l'êtes. Moi, je suis né d'hier, et je n'ai point encore la science de la vie... Eh bien, je vous dirai sans détour et avec franchise tout ce qui se passe dans mon cœur, et les rêves insensés que j'ai nourris dans mon esprit, et vers quel but j'avais résolu de diriger tous mes efforts.

Rustique se tut un moment, et craignant d'avoir offensé Marcelle, il tourna vers elle un regard suppliant. La jeune fille n'avait pas changé d'attitude, et les yeux fixés sur le front pâle et mat de son interlocuteur, elle écoutait.

— Rustique poursuivit :

— Du jour où je vous ai vue, dit-il, je vous ai aimée avec toute l'ivresse, tout l'enthousiasme d'une âme qui s'éveille à la vie... Vous avez été pour moi comme une révélation de l'amour, c'était une pure et blanche vision, et je vous ai suivie avec une obstination folle, dans l'espoir que mon regard rencontrerait le vôtre, que vous apprendriez ainsi que j'existais, et que si vous n'aviez pas amour de moi, vous en auriez du moins pitié...

Rustique s'arrêta encore une fois, et leva les yeux vers Marcelle.

Mais l'expression de la jeune fille avait déjà changée; de grave et sérieuse, elle était devenue tout d'un coup légère et enjouée.

— Il est fort heureux, messire, objecta-t-elle en souriant, que mes frères ne vous aient point surpris dans cette occupation.

— Vos frères ?

— Ils vous eussent pu faire un mauvais parti.

— A moi ?...

— Ce sont les plus braves seigneurs de la cour, et nul ne manie comme eux une épée.

Rustique fit un geste ironique, et, à son tour, il devint grave et sérieux.

— Des considérations de cette nature peuvent arrêter certains hommes, répondit-il d'une voix ferme et résolue, mais elles ne sauraient exercer aucune influence sur mes déterminations : du jour où je vous ai aimée, ce sentiment s'est emparé de moi tout entier, si bien qu'il n'y a plus place dans mon cœur pour rien autre chose. D'ailleurs, ma vie appartient à Dieu d'abord, à vous ensuite ; pour Dieu et pour vous, je la sacrifierai demain, aujourd'hui, à cette heure même, s'il le faut. Quant aux circonstances ordinaires où un homme peut avoir à défendre sa poitrine contre le poignard d'un assassin ou l'épée d'un gentilhomme, Dieu m'a donné assez de force, d'adresse et de courage pour m'en tirer, sans avoir rien à redouter.

Pendant que Rustique parlait, Marcelle le considérait avec attention ; on eût dit que cette parole fière et résolue éveillait une sympathie vive dans son cœur, et qu'elle allait revenir au sentiment de la réalité. — Pour la seconde fois, elle lui tendit une main que Rustique s'empressa de saisir.

— Vous n'êtes point un homme comme les autres, messire, dit-elle d'un accent lent et mesuré.

— Peut-être, répondit le jeune homme

— Quel est votre nom?

— Rustique.

— Et vous m'aimez !...

— Autant que Dieu...

— C'est beaucoup.

— C'est moins encore que la réalité.

Il y eut un silence.

— Soit! reprit Marcelle, soit..... je vous crois.

— Et mon amour ne vous offense pas.

— Etre aimée de la sorte, messire, cela vaut mieux que d'être aimée du roi.

— Oh! mille fois...

— Ecoutez-moi.

— Parlez! parlez!

— Vous m'aimez, n'est-ce pas, et pour moi, vous sacrifieriez votre vie, fût-ce demain, fût-ce à cette heure même... Ne l'avez-vous pas dit?

— Et je le répète...

— Bien... Aujourd'hui, je ne demande rien, messire, parce que je ne sais moi-même ce que j'éprouve; j'obéis, en vous parlant, à une volonté qui n'est pas en moi; j'ignore qu'elle fée m'a touchée cette nuit; je n'ai jamais rien ressenti de pareil... C'est à peine si j'ai la conscience de ce que je dis et de ce que j'entends; mes paroles m'effraient, les vôtres m'étonnent... Cependant, malgré l'étrangeté de cet état, en raison même de cette émotion dont la cause m'échappe et que je cherche en vain à saisir, j'ai peur; il me semble que je suis menacée. — Que ce danger soit près ou loin, il existe, je le sens, et pour le conjurer, je n'aurai pas trop de l'aide de tous ceux qui me sont dévoués. — Nous allons nous quitter, messire ; peut-être ne devons-nous plus nous revoir, puisque nous ne suivons pas les mêmes chemins dans la vie, mais s'il est vrai que vous soyez un loyal gentilhomme, si votre amour est sincère, si vous ne m'avez pas trompée, en m'offrant le sacrifice de votre existence entière, je n'oublierai pas cette heure que nous venons de passer ensemble, et je saurai vous rappeler un jour votre promesse.

En parlant ainsi, Marcelle se leva avec effort, et fit comprendre à Rustique qu'elle désirait se retirer.

Ce dernier était enivré ; son cœur s'emplissait d'une joie insensée ; Marcelle avait accepté son dévoûment, presque son amour. Elle lui permettait de se faire tuer pour elle... il n'avait jamais été si heureux!...

Aussi, bien qu'il comprit le mouvement de la jeune fille, comme cette heure avait passé pour lui avec la rapidité d'une seconde, que d'ailleurs mille événements pouvaient les séparer pour toujours, qu'il n'était pas certain de la revoir jamais, il s'enhardit à vouloir la retenir encore.

— Vous partez! dit-il d'une voix suppliante.

— Il le faut, répondit Marcelle.

— Déjà...

— On m'attend... on me cherche peut-être.

— Que craignez-vous?

— Tout.

— Vos frères ne sont-ils point là pour vous défendre.

— Qui sait!...

— Ils sont braves, avez-vous dit...

— Braves sans doute, poursuivit la jeune fille d'un accent incisif et profond, mais il y a un homme ici qui ne redoute ni les lâches, ni les braves, ni le poignard, ni l'épée.

— Et cet homme?

— Il s'appelle Mouchy.

Rustique poussa un cri. — Marcelle le regarda avec stupeur.

— Vous le connaissez? demanda-t-elle inquiète et interdite.

— Je l'ai rencontré aujourd'hui pour la première fois, répondit Rustique; il s'est attaché à moi avec persistance; il m'a suivi partout, et c'est grâce à lui que j'ai pu pénétrer dans ce palais, où l'espoir de vous voir m'amenait seul. — Quel est donc cet homme?...

Marcelle parut réfléchir quelques instants :

— Tout cela est étrange, dit-elle alors; cet homme fait ce qu'il veut ici ; il commande et on lui obéit... Les plus grands comme les plus nobles se courbent devant lui ; ah! prenez-y garde, messire, et croyez-moi surtout, quand je vous dis que Mouchy nous perdra tous.

Rustique ne répondit pas de suite, mais il fit cet ironique et fin sourire qui seyait si bien à sa physionomie, et posa en dernier lieu la main sur la garde de son épée.

— Ne craignez rien, madame, dit-il enfin, ni pour moi, ni pour vous-même ; de quelque danger que vous soyez menacée, je saurai vous protéger et vous défendre ; malgré le mystère dont on s'entoure ici, avant une heure j'aurai tout découvert, et je jure Dieu, ou que cette épée se brisera entre mes mains, ou que nul n'osera attenter à vos jours ou à votre honneur.

Rustique avait prononcé ces mots d'un ton fier et résolu ; Marcelle le regarda un moment, avec une sorte d'orgueil, et mettant sa main dans la sienne :

— Merci, messire, lui dit-elle, je ne doute ni de votre courage ni de votre loyauté ; et si vous faites cela, je vous promets, à mon tour, de ne jamais oublier le service que vous m'avez rendu.

— Adieu donc, madame, ajouta Rustique.

— Adieu, messire, répondit Marcelle.

Et les deux jeunes gens se quittèrent sur ces paroles.

Rustique n'essaya pas de rentrer dans les salons que la foule avait déjà abandonnés en partie. — Il descendit rapidement les degrés qui conduisaient au rez-de-chaussée, et quelques minutes après, il se retrouvait dans la rue, encore tout ému des singuliers souvenirs de cette soirée.

Tout cela avait passé si rapidement, qu'il n'était pas bien certain de ne point avoir été le jouet d'un rêve... Marcelle s'était montrée si aimante, il y avait dans son maintien tant d'abandon, dans sa voix tant de douceur, tant d'amour, même dans son regard qu'il ne pouvait se résoudre à croire à la réalité ?

En se retrouvant tout à coup sur la rue, environné d'ombres épaisses, entouré de solitude et de silence, il se prit à frissonner.

S'il s'était trompé ! — La joie l'avait rendu fou peut-être, et maintenant, l'ombre qui l'enveloppait de toutes parts, semblait avoir pénétré jusqu'à son cœur.

Il se mit à marcher.

Mais, malgré lui, et quoi qu'il fît, ses pas le ramenaient toujours vers les lieux où il avait laissé Marcelle.

Dans un de ces moments, où il errait ainsi à l'aventure, plus inquiet et plus incertain que jamais, il crut entendre prononcer son nom à voix basse et mystérieuse, sous le portique de Saint-Germain-l'Auxerrois.

Il s'arrêta.

L'ombre avait envahi le porche du faîte à la base, et il ne pouvait rien distinguer.

Il fit quelques pas en avant, la main sur son épée, et sonda tous les coins du regard.

Etait-ce une erreur de ses sens? l'hallucination continuait-elle? n'y avait-il pas un peu de sorcellerie dans tout ce qui lui arrivait?

Au bout de quelques secondes; et quand son regard se fut un peu familiarisé avec l'obscurité, il vit quelque chose d'informe et qui ressemblait à peine à un être humain, se lever lentement contre l'une des portes, et se traîner jusqu'à lui en rampant.

Son premier mouvement fut de se mettre

en garde, et il tira à moitié son épée du fourreau.

Un geste amical et son nom prononcé de nouveau, suffirent pour l'arrêter.

— Est-ce vous, messire Rustique? dit une voix qui ne parut pas inconnue au jeune homme.

— Que voulez-vous? répondit ce dernier.

— Quelques mots seulement.

— Mais qui êtes-vous vous-même?

A cette question, l'homme se leva de toute sa hauteur et se penchant à l'oreille de Rustique, lui dit son nom à voix plus basse encore.

— Le Lombard! répéta Rustique avec un singulier accent.

— Chut!...

— Pourquoi ces précautions?

— Parlez plus bas.

— Que craignez-vous ?

— Venez... messire, venez de ce côté... nous y pourrons du moins causer à notre aise, et sans craindre les oreilles indiscrètes.

Le Lombard entraîna alors Rustique vers les bords de la Seine ; les rives du fleuve étaient désertes ; l'eau coulait lente et sombre ; un silence lugubre régnait alentour.

Le Lombard s'assit sur la terre à quelque distance de l'une des poternes du Louvre, et Rustique ne tarda pas à en faire autant.

L'esprit de ce dernier avait revêtu tout à coup une résolution nouvelle : les scènes auxquelles il venait d'assister, le souvenir de l'accueil qu'il avait reçu de Marcelle, son sourire et ses paroles, ses craintes et ses promesses, tout avait contribué à relever son courage, et à le faire entrer hardiment dans une voie de détermination et d'audace.

Il était résolu à tout.

Il comprenait vaguement qu'un danger sérieux menaçait les jours ou l'honneur de Marcelle, il lui avait promis de la protéger et de la défendre, et dût-il arroser le chemin de son sang, il était décidé d'avance à ne pas reculer.

La rencontre du Lombard l'avait encore fortifié dans cette résolution suprême.

On lui avait dit que l'existence de cet homme était mystérieuse et fermée à tous les regards; il vivait, disait-on, plus la nuit que le jour; il cachait dans son cœur des secrets terribles... Pour que cet homme vînt à lui, pour qu'il se décidât à soulever un coin du voile qui dérobait sa singulière personnalité, il fallait qu'il fût poussé à cette démarche par un motif puissant.

Le vieux Lombard ne portait plus le costume sous lequel Rustique l'avait aperçu, lors de leur première rencontre.

La houppelande avait disparu, et avec elle, le bonnet fourré et la barbe. — Il s'était comme métamorphosé.

Il portait maintenant un long manteau qui lui descendait jusqu'au talon, et sous le manteau, une tunique serrée à la taille par une ceinture de cuir, des trousses et des guêtres, le tout complété par un chapeau dont les larges bords cachaient presque entièrement son visage. — A sa ceinture, pendait un poignard nu, à sa main, un bâton noueux et court.

Rustique le considéra un moment avec surprise et chercha à s'expliquer la raison d'une pareille métamorphose ; mais comme l'heure s'écoulait avec rapidité et qu'il désirait ardemment connaître le but de cet entretien qui lui était demandé, il revint bien vite à la réalité de la situation :

— Voyons, dit-il avec vivacité à son étrange interlocuteur, vous avez désiré me parler, maître Lombard ; nous voici seuls maintenant ; la berge est déserte, aucune oreille indiscrète ne saurait recueillir nos paroles ; parlez donc sans crainte, je vous prête toute mon attention.

Le Lombard s'assura une seconde fois que personne ne les épiait, puis il frappa légèrement sur le genou de Rustique, du bout de son bâton noueux.

— J'ai peut-être eu tort de vous arrêter, dit-il, sans perdre le jeune homme de l'œil, car je puis m'être trompé, et dans ce cas ce que j'ai à vous dire ne vous intéresserait guère.

— Dites toujours! fit Rustique.

— Vous sortiez du Louvre, quand je vous ai rencontré.

— En effet.

— Et vous y avez vu le roi?

— Sans doute.

— Et tous les seigneurs, et toutes les jeunes femmes de la cour; fête splendide, n'est-il pas vrai, et dont aucun récit ne saurait donner une idée exacte?

— Vous avez raison.

— Vous en êtes sorti charmé?

— Dites enivré.

— Et rien dans cette fête ne vous a-t-il plus particulièrement frappé?

— Mais je ne sais.

— Voulez-vous que j'aide votre mémoire?

— A quoi bon?

— Qui sait?... Vous êtes jeune; souvent l'enthousiasme trouble l'esprit en pareilles occasions, et quand le bruit a cessé, que les lumières sont éteintes, que le cœur s'est calmé, c'est à peine si l'on se souvient.

— Ce que vous dites n'est pas dénué de vérité.

— Vous voyez!... Eh bien, répondez-moi, sans détour, avec la franchise qui convient à votre âge et au nom que vous portez... N'avez-vous point remarqué dans cette fête splendide la véritable reine du Louvre, la charmante et toujours gracieuse Diane de Poitiers?

— Diane! fit Rustique, comme s'il eût cherché à rappeler ses souvenirs.

— N'y était-elle point?

— Je ne l'ai pas vue.

Le Lombard se pencha vers le jeune homme.

— Tout s'explique alors, reprit-il en ricanant, car si vous n'avez point aperçu Diane, une autre femme aura sans doute arrêté votre regard.

— De quelle femme voulez-vous parler?

Le Lombard ne répondit pas de suite: les yeux fixés sur l'eau du fleuve qui coulait à leurs pieds, avec un murmure lugubre, il frappait machinalement la terre de son bâton.

Enfin, il releva le front, et regarda Rustique en plein visage. — Ses yeux brillaient d'un feu sombre, une pâleur livide éclairait ses joues.

— Connaissez-vous la fille du prévôt ? demanda-t-il tout à coup et sans transition au jeune homme.

— Marcelle ! s'écria ce dernier.

— Vous l'avez vue ?

— Quand cela serait ?

— Et elle était belle ?

— Où voulez-vous en venir ?...

— Ah ! elle est jeune, autant que son père est ambitieux, plus que ses frères ne sont insolents...

Rustique saisit le bras du Lombard et le secoua rudement.

— Par le ciel, messire, s'écria-t-il avec emportement, il y a une insulte sanglante sous vos paroles, et je veux savoir...

Le Lombard dégagea tranquillement son bras de l'étreinte du jeune homme, et poursuivit d'un ton lent et mesuré :

— Il y a quelques heures, dit-il je me trouvais chez la fille de Jacques-le-Majeur.

— Quel rapport! interrompit Rustique impatienté.

— Viviane est une fille précieuse, messire, elle connaît l'art de prédire l'avenir et de composer poisons et narcotiques, elle sait les breuvages qui doivent tuer en un jour, ou en une heure, et elle calcule, sans s'y tromper jamais, ce qu'il faut à ses philtres, de minutes ou de secondes, pour produire tout l'effet qu'elle en attend.... Or, ce soir, peu avant la tombée de la nuit, Mouchy est venu trouver Viviane...

— Mouchy! fit Rustique... Encore cet homme.

— Toujours, messire, repartit le Lombard... partout où il y aura un mauvaise action à commettre, vous serez certain de le rencontrer...

— Et pourquoi allait-il chez Viviane?

— Mouchy a donné à la jeune fille une bourse pleine d'or, et la jeune fille lui a remis en échange un sorte de liqueur florentine, dont le parfum seul suffit à disposer à l'amour et finit par endormir.

— Mais qui vous assure que cette liqueur fût destinée à Marcelle?

— Rien...

— Vous disiez... cependant...

— Je disais, messire, et je répète, que l'homme qui aimerait Marcelle n'aurait, à cette heure, d'autre alternative que de tuer cette jeune fille, ou d'assassiner le roi...

— Mais la preuve! la preuve!

— Regardez donc!... dit le Lombard.

En ce moment deux hommes à cheval passèrent le long de la berge et allèrent frapper à la porte du Louvre.

La poterne s'ouvrit presque aussitôt, et l'un des deux hommes entra, tandis que l'autre demeurait dehors pour maintenir les chevaux.

— Qu'est-ce que cela signifie? dit Rustique, qui ne voyait rien là que de très ordinaire.

— Attendez... fit le Lombard toujours impassible.

Quelques minutes s'écoulèrent au milieu du plus profond silence. Les lumières qui brillaient naguère au premier étage du Louvre s'étaient éteintes une à une; le vieil édifice détachait maintenant sa silhouette grise sur le fond noir du ciel: on n'entendait plus déjà que le murmure de la Seine, et le piaffement des chevaux.

Rustique attendait.

Malgré lui, et bien qu'il cherchât dans son esprit et dans son cœur, toutes les raisons qui pouvaient lui faire croire que le vieux Lombard s'était trompé, il avait peur.

Tout ce qui lui avait paru étrange et inexplicable, dans l'accueil que lui avait fait Marcelle, dans son attitude, dans ses paroles, dans ses gestes, tout ce qui l'avait ému ou troublé, épouvanté ou charmé, trouvait, à cette heure, son explication naturelle dans la révélation du vieux Lombard. C'est vainement qu'il se débattait contre la vraisemblance de cette explication, quoi qu'il fît, à quelque supposition qu'il s'arrêtât, un affreux déchirement se faisait en lui, et un nuage de sang passait sur ses yeux.

Tout à coup le Lombard lui frappa sur l'épaule.

La poterne venait de s'ouvrir, et deux hommes en étaient sortis, portant un fardeau dans leurs bras.

Rustique poussa un cri et fit quelques pas comme s'il eût voulu se précipiter en avant.

Le Lombard le retint.

— Qu'allez-vous faire? dit-il à voix basse et rapide.

Rustique avait reconnu Mouchy et Marcelle; il venait de tirer son épée du fourreau.

— Laissez-moi!... s'écria-t-il en cherchant à se dégager.

— Mais c'est une folie!

— Je veux le tuer!

— Ils seront plus forts que vous.

— Ah! laissez-moi, vous dis-je ou je

vous traiterai comme un ennemi et vous ferai payer cher votre obstination...

En parlant ainsi, Rustique repoussa énergiquement le vieillard, et s'élança vers la poterne.

Cependant Mouchy était déjà monté à cheval ; il avait pris Marcelle dans ses bras et allait s'éloigner, quand Rustique se présenta devant lui.

— Arrêtez ! cria ce dernier, en menaçant les trois hommes de son épée.

— Qu'est-ce que cela ? fit Mouchy, qui hésita d'abord à le reconnaître, est-ce donc vous, messire Rustique ?

— Défendez-vous !...

— Un combat !... ajouta Mouchy d'un ton railleur ; oh ! vous prenez mal les choses.

— Misérable !

— Demain, nous aurions pu nous entendre.

Rustique envoya résolument la pointe de son épée dans la poitrine de Mouchy; mais avant qu'il l'eût atteint, un des hommes qui accompagnaient ce dernier, la faisait voler en éclats d'un coup vigoureux de sa hallebarde.

Rustique poussa un rugissement de douleur et de rage, et tira son poignard.

Mouchy s'était pris à rire.

— Allons, messire Rustique, dit-il en le saluant ironiquement de la main, vous avez mauvaise tête, à ce que je crois, j'espère que demain, quand votre colère sera calmée, vous me jugerez mieux, et que vous deviendrez plus traitable... Sans rancune donc, mon ami, et à bientôt...

Et sur ces mots, il donna de l'éperon à son cheval.

La colère de Rustique avait atteint son paroxysme... sa main crispée serrait son poignard avec une fureur aveugle, ses tempes battaient, son sang brûlait ses veines; quand il comprit que Mouchy allait lui échapper, emportant sa victime, et lui jetant, impunies, la raillerie et l'insulte, un cri de vengeance bondit de sa poitrine soulevée, il se rua éperdu sur le cheval qui s'éloignait, et sans savoir à quel sentiment il obéissait, il lui enfonça son poignard jusqu'à la gaîne, dans les flancs.

La noble bête se cabra, en poussant un hennissement terrible, et partit comme un éclair, laissant après elle, sur le pavé, une longue trace de sang.

Pendant cette scène, le vieux Lombard s'était rapproché pas à pas de Rustique.

— Pas mal! dit-il avec un sourire fauve, dès que Mouchy eut disparu, pas mal, mon jeune ami, vous avez fait là un coup de maître.

Rustique le regarda avec étonnement.

— Que voulez-vous dire? balbutia-t-il d'une voix tremblante.

Le Lombard montra en ricanant le sang qui teignait le pavé.

— Je veux dire, messire, répondit-il avec un clignement d'yeux significatif, que que si vous perdez aujourd'hui Marcelle, voilà qui vous servira merveilleusement à retrouver sa trace.

Rustique ne répondit pas ; mais son front resplendit, comme éclairé tout à coup par un nouvel espoir.

Le vieux Lombard avait raison. — Tout n'était pas perdu, puisqu'il pouvait encore, et cette nuit même, retrouver les traces de la fille du prévôt.

III

Chansons et gémissements mêlés.

Les seigneurs et les grands de la cour n'étaient pas les seuls à célébrer l'entrée du roi Henri II dans sa capitale. Le contre-coup de la joie officielle s'était fait sentir à tous les étages et dans toutes les classes de la société, et la cité, la ville et l'Université s'étaient cotisées pour manifester hautement et dignement, l'enthousiasme que réclamait une pareille solennité.

On ne saurait croire à quel degré les administrateurs du Moyen-Age s'entendaient à concilier leur amour de l'art avec l'intérêt des deniers publics.

Les choses avaient été faites consciencieusement et n'avaient pas coûté trop cher. — Nous voulons en donner une idée au lecteur.

Sur la plate-forme de la porte Saint-Denis, on avait représenté un *mystère* dont le prévôt et les échevins avaient donné eux-mêmes le dessin au *facteur*. — Pauvre facteur? — On y voyait un lis triomphant, à sept fleurons, au pied duquel se tenait debout un personnage en habit royal, fleurdelisé d'or, représentant Charles V.

Le premier fleuron, signifiant que *l'homme noble doit être humain*, était gardé par Noblesse, habillée de soie violette, et par Humanité, habillée de soie grise, avec une *grosse perruque* rehaussée de clinquant et de pierres de couleur.

Le second fleuron, *démontrant que l'homme riche doit être libéral*, avait pour attributs Richesse et Libéralité. Celle-ci était accoutrée de soie blanche, avec un bonnet à deux cornes, comme du temps de la reine Isabeau ; et l'autre, en robe de soie jaune, à reflet doré, portait les cheveux épars *comme une épousée*.

Le troisième fleuron exprimait que l'*homme puissant doit être féal :* Puissance, vêtue de soie rouge, l'épée à la main ; et coiffée d'un *bourrelet* splendide, regardait Fidélité, vêtue de drap de soie pers, *en façon d'une demoiselle du temps passé.*

Enfin, et comme l'allégorie pouvait bien ne pas être saisie à première vue, un acteur habillé d'écarlate, était chargé de l'expliquer en vers détestables, lesquels devaient sortir, comme le reste, de la fabrique de MM. les échevins.

Aux Filles-Dieu, avait été placé un énorme porc-épic, qui passa à l'époque pour un chef-d'œuvre du genre. — L'animal était si merveilleusement construit que, par un prodige de mécanique, on le voyait de temps à autre remuer ses yeux et hérisser ses plumes. Deux Maures, au vêtement de soie, mi-partie bleue et rouge, le conduisaient en laisse au moyen de deux grosses chaînes d'or, tortillées, longues de deux toises environ.

Devant l'église de la Trinité, les gouverneurs et confrères de la Passion avaient représenté le sacrifice d'Abraham et le crucifiement de Jésus-Christ, savoir : Jésus entre les deux larrons, Judas pendu. Anne, Caïphe, Pilate et plusieurs juifs regardant le Christ, dont les plaies versaient sans cesse *une manière de sang.*

A la porte aux Peintres, un échafaud, surchargé de ménétriers qui jouaient de leurs instruments autour de Paix et Bon Temps, contenait encore trois personnages allégoriques, selon le goût de l'époque, Réjouissance, Bon Pasteur et Peuple Français. Ce dernier chantait ces lignes rimées en l'honneur du roi :

> **Je suis debait (*joyeux*) menant réjouissance**
> **A la venue du bon pasteur de France :**
> **Paix et bon temps il entretient au monde;**
> **Honneur, louange, triomphe en lui abonde :**
> **Dieu le préserve de mal et de souffrance !**

Ce bon peuple français, que ne lui ferait-on pas chanter !

La chambre des comptes n'avait pas voulu rester en arrière. Par ses soins, un échafaud avait été dressé devant le palais. Deux cerfs-volants y tenaient l'écu de France, au-dessous duquel se trouvaient un porc-épic et deux serpents enlacés chacun dans un lis, jetant un enfant nu et rouge par la gueule.

Toutes ces allégories ne coûtaient pas

grands frais d'imagination à leur hauteur, et elles produisaient cependant, nous assure-t-on, le meilleur effet sur le populaire.

Donc, le soir de cette journée mémorable, pendant que l'on dansait dans les bâtiments restaurés du vieux Louvre, sur presque tous les points de la capitale, des réunions nombreuses s'étaient formées, et l'on entendait çà et là, bien que le couvre-feu eût sonné depuis longtemps, le bruit des violes et rebecs, qui invitaient le peuple à la joie.

On ne rencontrait dans les rues ni guet assis, ni guet debout... Il y avait lieu de penser que, grâces aux largesses municipales, les divers membres de ces deux honorables corps, se trouvaient en ce moment ensevelis sous la table de quelque taverne mal famée.

Rustique venait de quitter le vieux Lombard.

Sans attendre davantage, il s'était lancé à la poursuite des ravisseurs de Marcelle. Rustique ne connaissait pas Paris, mais, partout où Mouchy avait passé, on pouvait facilement distinguer une large traînée de sang.

Le coup de poignard était bon. — Un enfant aurait trouvé.

Il suivit d'abord la rue des Fossés-Saint-Germain, gagna la rue Saint-Honoré par l'étroite ruelle de Bresce ou de l'Arbre-Sec, et arriva en peu d'instants au cimetière des Innocents.

Là cependant, il faillit perdre toute trace.

Le peuple avait stationné de ce côté, pendant une partie de la journée, et il en était résulté, sur le pavé, une sorte de boue, dont quelques gouttes de sang ne pouvaient modifier la couleur sombre.

Rustique fit à plusieurs reprises le tour du cimetière, sondant du regard les rues environnantes sans pouvoir parvenir à retrouver son chemin. La plupart des rues qui aboutissaient à ce carrefour n'étaient pas même pavées ; c'était à désespérer. Heureusement Rustique n'était pas homme à abandonner ainsi la partie et il revint plus de vingt fois sur ses pas, recommençant, à chaque fois, sa recherche obstinée et infatigable.

Tout à coup il tressaillit...

Au coin de la rue aux Fèves, il venait d'apercevoir, gisant sur le pavé, un objet orné d'or et de pierreries.

Il respira.

A quelques pas, au commencement de la rue Aubry-le-Boucher, il trouva à terre le voile et le chapeau de Marcelle. — Puis, comme si un événement inattendu fût survenu en cet endroit, la traînée de sang s'arrêtait tout à coup, et semblait rebrousser chemin.

Une lutte avait sans doute eu lieu ; Marcelle s'était réveillée entre les bras de ses ravisseurs, elle avait appelé à son secours : Mouchy s'était vu contraint de revenir sur ses pas.

Rustique se remit à sa poursuite.

Cette course à travers la nuit, et dans ces rues désertes, avait singulièrement exalté son imagination. Il y apportait une ardeur qui croissait d'instant en instant, et s'il eût rencontré Mouchy en ce moment, il est certain qu'il l'eût tué, ou qu'il l'eût mis, pour le moins, dans l'impossibilité de perpétrer son crime.

Il descendit rapidement la grande rue Saint-Denis, prit celle des Lombards, passa non loin de l'église Saint-Jacques-la-Boucherie, et arriva enfin dans la rue de la Vannerie.

Au coin de cette rue, s'élevait, à cette époque, une maison de construction bizarre, dont le premier étage, soutenu par trois piliers énormes, avançait de plusieurs pieds sur le rez-de-chaussée.

Au pied du premier pilier stagnait une large flaque de sang... Au delà, il n'y avait plus rien !

Rustique s'arrêta...

Le premier étage de cette singulière demeure était plongé dans l'obscurité la plus complète. — Au rez-de-chaussée seulement, quelques fils de lumière filtraient à travers les volets mal joints.

La maison avait deux façades : l'une donnant sur la rue de la Vannerie, l'autre regardant, en retour, sur la rue Saint-Martin.

Rustique examina le tout avec une attention minutieuse...

Avant de pénétrer dans cette maison, où rien ne lui disait encore que Marcelle eût été déposée, il eût voulu trouver quelque indice qui le mit sur la voie.

Il se rapprocha des volets qui fermaient les fenêtres, et plongea son regard à l'intérieur.

Il y avait là deux hommes dont il ne put distinguer les traits. — Ces deux hommes buvaient et chantaient.

Ils paraissaient fort gais. — Et le choix de leurs chants s'en ressentait.

Pour le moment, c'était une *prophétie des abus des prêtres, moines et rasés*, destinée à être chantée sur l'air de *Lœtabundus :*

Premier buveur.

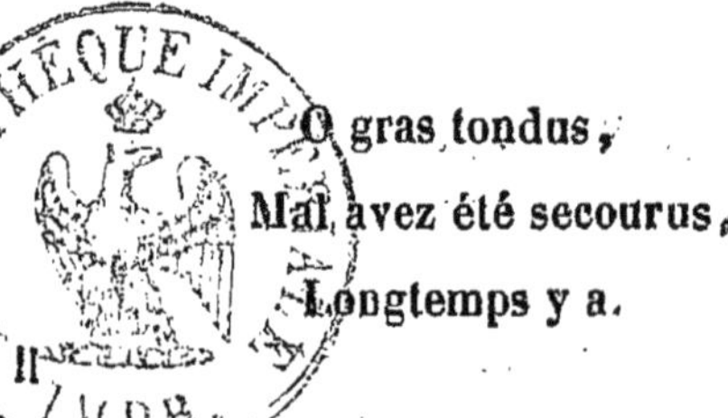

O gras tondus,
Mal avez été secourus,
Longtemps y a.

Vos grands abus,
On le verra.

Deuxième buveur.

Votre autel est ruiné,
Votre règne est bien miné,
Il tombera.
Papistes, Pharisiens,
Votre antéchrist et les siens
Trébuchera.

Premier buveur.

Tout sorbonique pion
Son beau liripipion
Déposera.
Rien n'y vaudront les ergots,
Rien n'y feront leurs fagots,
Christ régnera.

Deuxième buveur.

Votre orgueil sera puni,
Et la bête de son nid

Déjonchera.
L'Évangile que haïssez,
Quand aurez fait plus qu'assez,
Demeurera.

Premier buveur.

Vous l'avez longtemps banni,
Mais puisqu'il est reveni,
Votre joli pain béni
Se moisira.
Messieurs les coquibus,
Que dira-t-on des abus,
Dont amassez du quibus,
On en rira ?

Deuxième buveur.

Savez-vous qu'on vous fera?
On vous deschassera;
Et Dieu à la fin vous punira,
En Jésus on croira,
Son règne florira.
Et votre antéchrist confus sera.

Rustique avait à peine écouté cette chanson populaire, car dès les premiers vers du second couplet, il se retira vivement, et s'élança d'un bond au milieu de la rue.

Soit illusion, soit réalité, il avait cru entendre un gémissement tomber du premier étage...

Il regarda, et prêta l'oreille.

Une sueur froide coulait le long de ses tempes, son regard cherchait à pénétrer les ténèbres de la nuit, des frissons glacés couraient sur sa peau.

Il se mit à faire, à plusieurs reprises, le tour de la maison.

Un moment, il avait songé à appeler à son aide les deux buveurs du rez-de-chaussée; mais ceux-ci pouvaient être de la suite de Mouchy, et en tous cas, il était fort douteux qu'ils accueillissent sa demande avec intérêt.

Il abandonna donc presque aussitôt cette pensée, et chercha un endroit par lequel il pût pénétrer sans être contraint d'engager une lutte à l'aveugle.

A tout hasard, il avait tiré son poignard de sa ceinture, et ainsi armé, il sondait le mur.

Et le mur restait muet. — Tout était clos avec soin, rien ne semblait bouger à l'intérieur.

Rustique commençait à désespérer, et supputait déjà, dans son esprit, les dangers qui pourraient s'opposer à l'escalade du premier étage, quand il vit tout à coup la porte s'entrebâiller d'elle-même, et une tête de femme avancer discrètement au dehors.

Il resta stupéfait.

La femme jeta un coup d'œil rapide à droite et à gauche, et comme elle vit que personne autre que Rustique ne se trouvait à portée de l'entendre, elle lui tendit le bras, et toucha légèrement son épaule du bout du doigt.

— C'est vous, messire?... demanda-t-elle, en ouvrant davantage la porte.

— C'est moi! répondit Rustique sans hésiter.

— Hâtez-vous donc, car ma maîtresse vous attend.

Rustique n'ajouta pas un mot, dans la crainte de se trahir; il se contenta d'enfoncer davantage son chapeau sur ses yeux, et de garder à tout hasard son poignard dans sa main.

Puis, ayant fait signe à la vieille qu'il était prêt à la suivre, il s'engagea aussitôt sur ses pas, dans un corridor étroit et humide, qui allait aboutir à un escalier roide et sans rampe. Il lui arriva plusieurs fois de trébucher durant le trajet.

— Donnez-moi la main ! lui dit alors son guide, l'escalier est glissant et difficile, et plus d'un y sont tombés, qui ne se sont jamais relevés...

En disant ces mots, elle se mit à ricaner.

Rustique lui donna la main sans répondre.

— Hum ! marmotta la vieille, vous voilà devenu muet, messire ; que s'est-il donc passé à l'hôtel des Tournelles depuis votre départ ? — Ah ! la petite nous a donné bien du mal, pendant votre absence. — Elle appelait son père... ce n'est pas lui, pourtant, que vous étiez allé quérir...

Une sorte de gloussement accompagna ces mots, et Rustique eut besoin de toute sa raison pour ne point éclater.

Heureusement qu'ils atteignaient le premier étage, comme la vieille finissait de parler ; maintenant, il ne s'agissait plus que de pénétrer auprès de Marcelle et de la sauver. — C'est-à-dire que le plus difficile était encore à faire.

Rustique ne pouvait se dissimuler en effet que, grâce à l'obscurité, il avait été pris pour un autre. Dans le premier moment, il avait suivi son guide, sans chercher à deviner la cause d'une pareille erreur ; cette erreur servait ses projets, et il n'en demandait pas davantage ; le désir de voir Marcelle, l'ambition de la sauver, l'espoir de se venger de Mouchy, tels étaient les sentiments auxquels il avait obéi. — Ce ne fut qu'après s'être engagé entre les murs étroits de ce long corridor, et en mettant le pied sur l'escalier roide et tortueux, où, suivant l'expression de la vieille, beaucoup étaient tombés sans jamais se relever, que tous les dangers de l'entreprise qu'il allait tenter se dressèrent tout à coup devant lui, comme pour lui défendre d'avancer davantage ; mais il lui était désormais impossible de reculer, et il continua de marcher, malgré toutes les appréhensions qui troublaient son esprit.

Une fois arrivé sur le palier, la vieille

femme l'introduisit dans une vaste et spacieuse salle, qui n'était éclairée que par une seule lampe. — Un feu sans chaleur brûlait dans la cheminée; il régnait, d'un bout à l'autre, un froid humide qui pénétrait et glaçait les os.

La vieille femme invita Rustique à attendre quelques instants, et le laissa seul. — Il traîna alors un fauteuil près de la cheminée, et après quelques secondes d'attente, il se hasarda à promener son regard sur les divers objets qui l'entouraient.

La lampe était placée sur une méchante table vermoulue, au milieu de la salle.

A droite et à gauche, se dressaient de grands bahuts sculptés; d'énormes vases en terre cuite, des bocaux en cristal de

Bohême, d'élégantes amphores aux formes bizarres, gisaient çà et là sur le parquet; une étagère en bois blanc, régnait autour de la salle à hauteur d'homme, et sur cette étagère, mille oiseaux ou insectes, bien que morts et empaillés, semblaient néanmoins, grâce aux capricieuses lueurs de la lampe, exécuter une sarabande fantastique, en l'honneur de leur nouvel hôte.

Jamais encore un pareil spectacle ne s'était offert à Rustique, et mille idées superstitieuses vinrent en foule assiéger son cœur déjà fortement ébranlé.

D'ailleurs, il se faisait autour de la salle des bruits étranges dont il cherchait vainement à démêler la cause. — On eût dit que quelqu'un était caché là, et que l'on épiait chacun de ses mouvements ou cha cun de ses regards. — Pour la seconde fois, il se laissa aller sur la pente de ses terreurs, et un frisson glissa sous ses cheveux.

Enfin la porte s'ouvrit, et une jeune fille entra.

C'était Viviane!

Sa taille, élégante et souple, se dessinait mollement sous sa robe de velours, et son col, d'une exquise pureté de lignes, se balançait majestueusement sur ses épaules aux reflets d'or.

Elle était radieusement belle!...

Rustique ne s'attendait pas à une semblable apparition, et pendant que la jeune bohémienne s'avançait vers lui, calme, souriante et sereine, il restait interdit et sans voix, devant tant de beauté, alliée à tant de charme.

Viviane lui tendit la main par un geste plein de grâce et d'abandon, mais au moment de lui adresser la parole, elle s'arrêta tout à coup, et se prit à le considérer avec étonnement.

Elle s'apercevait seulement alors que Rustique n'était pas la personne qu'elle s'attendait à rencontrer. — Aucune épouvante ne se manifesta, cependant, dans son regard, aucune pâleur ne monta à son visage, et elle se contenta de jeter un coup d'œil furtif à droite et à gauche, comme pour s'assurer qu'elle se trouvait bien seule avec son visiteur inconnu.

— Qui donc êtes-vous, messire, dit-elle enfin, d'une voix où tremblait peut-être un peu d'émotion mal contenue, et qui vous envoie ici à pareille heure?...

— J'y suis venu de mon plein gré, répondit résolument Rustique.

Et comme il n'avait plus aucune raison de cacher ses traits, il porta la main à son chapeau et se découvrit.

— Et comment avez-vous pu pénétrer jusque dans cette salle? poursuivit Viviane.

— On m'a pris pour un autre; j'ai profité de l'erreur.

— Dans quel but.

— Oh! un seul... Celui de sauver la fille du prévôt.

— Marcelle!...

Un reflet de terreur colora un moment le regard de Viviane; et ses belles dents blanches mordirent ses lèvres. Mais cette fugitive impression passa avec la rapidité de l'éclair, et elle retrouva presque aussitôt son calme et sa sérénité.

Elle se reprit à sourire.

— Qui donc vous a donné lieu de penser que Marcelle fût ici? dit-elle, avec une fine ironie.

— Je l'ai suivie, répondit Rustique.

— Alors, vous savez avec qui elle est venue.

— Je le sais,

— Et vous persistez à vouloir la sauver.

— Oui, certes!

Il y eut un court silence, pendant lequel Viviane sembla plonger son regard jusqu'au cœur de Rustique.

— Mouchy est puissant, poursuivit-elle bientôt, et il peut être dangereux de lutter contre lui.

— Qu'importe...

— La mort est au bout d'une pareille lutte.

— Que je sauve Marcelle, et je ne regretterai pas la vie.

— Voulez-vous que je vous donne un conseil, messire?

— Dites.

— Eh bien... il en est temps encore; nul n'est ici prévenu de votre présence, la retraite est possible... fuyez... n'attendez pas que Jacques ou quelque autre vous voie ou vous entende, car ils vous feraient un mauvais parti, et vous seriez inévitablement perdu!...

Rustique haussa les épaules, et serra son poignard dans sa main...

— Où est Marcelle? demanda-t-il d'une voix dont l'accent devenait impérieux.

— Je ne sais... répondit la jeune fille.

— Songez, poursuivit son interlocuteur, que je suis résolu à tout, et qu'aucune considération ne pourra m'arrêter.

— Je le regrette pour vous.

— Vous raillez?...

— Quelquefois.

— Un mouvement de colère aveugle passa sur le cœur de Rustique, qui marcha vers la jeune fille, et lui prit rudement la main.

— Où est Marcelle? répéta-t-il avec autorité.

Viviane souriait toujours.

— Vous ne voulez pas suivre mes conseils, dit-elle, sans s'émouvoir, eh bien, prenez garde, messire, car, malgré toute ma bonne volonté, je ne pourrai peut-être pas vous sauver...

Rustique n'écoutait plus rien ; il abandonna la main de Viviane, et se mit à parcourir la chambre à grands pas.

— Marcelle ! Marcelle ! disait-il de temps à autre, en interrogeant les cloisons du manche de son poignard.

Viviane le regardait faire ; et son regard s'imprégnait parfois d'une douce et triste mélancolie. — Quand elle vit que Rustique, après avoir cherché une issue, revenait vers elle, partagé entre le découragement et l'indignation :

— Vous le voyez, lui dit-elle d'un accent profondément pénétré, vous êtes ici comme dans une prison ; la fuite même vous est maintenant interdite. Vous vouliez sauver Marcelle, et vous ne pouvez plus vous sauver vous-même. — Ne pensez-vous pas, messire, que j'avais raison de vous recommander d'être prudent ?

Rustique crut voir une ironie sanglante dans ces dernières paroles de la jeune fille, et la colère qui avait un moment fait place au découragement, revint de nouveau, emplir son cœur et troubler son esprit.

— Oui, répondit-il, en serrant son poignard dans sa main crispée, oui, vous aviez raison, en effet, de me recommander le calme et la prudence; je le reconnais, maintenant que me voici en votre pouvoir, dans une prison étroite et sans issue; maintenant surtout qu'il me faut renoncer à l'espoir de sauver Marcelle... Vous aviez bien prédit ce qui m'arrive... et vous m'en voyez confondu et atterré... cependant vous avez oublié une chose...

— Laquelle?...

— C'est que s'il est imprudent de lutter contre Mouchy, il n'est peut-être pas sans danger non plus de jouer avec la colère et le désespoir d'un homme comme Rustique... .

— Ah! vous vous appelez Rustique! interrompit la jeune fille, en jouant la gaîté.

Rustique pâlit. — Il y avait, de la part de Viviane, une intention bien évidente de e railler, et dans un pareil moment, la raillerie était cruelle. Un cri lui échappa, cri de rage et de désespoir, et en même temps son cœur battit dans sa poitrine, ses oreilles bourdonnèrent, sa vue se voila. — Il eut peur de lui-même.

— J'aurai plus de générosité que vous, dit-il enfin à la jeune fille, dont le regard suivait attentivement les impressions diverses qui venaient se refléter sur son visage ; je n'abuserai pas de la position dans laquelle nous nous trouvons tous deux, et qui vous met à ma merci, comme moi à la vôtre... Nous sommes inconnus l'un à l'autre, et que je meure ici, ou que j'échappe, peu vous importe, n'est-ce pas?.. Je n'ai aucune raison de vous aimer, vous n'en avez aucune de me haïr ; eh bien !... ne torturez pas à plaisir un cœur profondément déchiré ; vous êtes femme, vous pouvez me comprendre... soyez généreuse aussi, et ne me forcez pas à me souvenir, qu'en ce moment, cette salle est sans issue pour vous comme pour moi, et que ce poignard, s'il ne m'aide pas à frayer une route sûre à ma fuite, pourrait du moins me servir à tirer une vengeance éclatante de votre déloyauté.

Viviane avait écouté Rustique avec un intérêt singulier; à mesure qu'il parlait, l'expression de sa physionomie s'était peu à peu modifiée; son front s'était penché, le sourire qui plissait sa lèvre avait déjà disparu, et dans son attitude, dans son regard, sur ses lèvres, l'ironie avait fait place à la compassion.

Elle lui tendit la main.

— Soit, dit-elle, j'aime mieux ce langage, quoique vous vous trompiez encore pourtant...

— Comment?

— Sans doute... ne disiez-vous pas que cette salle ne pouvait offrir aucune issue?

— Eh bien...

— Eh bien... regardez.

Viviane posa, en parlant ainsi, l'extrémité de son doigt sur la table où reposait la lampe, et au même instant deux portes s'ouvrirent dans la cloison, de deux côtés différents.

Rustique poussa un cri, et voulut se précipiter vers l'une de ces issues; mais comme il allait l'atteindre, un éclat de rire strident et moqueur se fit entendre à ses côtés, les portes se refermèrent, Viviane disparut, et la lampe s'éteignit...

Il se trouvait seul, au milieu d'une obscurité impénétrable...

IV

Du danger de sortir d'une maison par la fenêtre.

Rustique rugit comme un lion du désert qui se trouverait pris au piége. Il était bafoué, raillé, réduit à la plus complète et la plus honteuse impuissance : on s'était joué de lui, on l'avait traité comme un écolier, comme un enfant.

Il se mit à faire le tour de sa cage.

On n'entendait plus aucun bruit, — plus de chansons au rez-de-chaussée, plus de gémissements au premier étage. — Un silence lugubre et morne.

Rustique marchait à tâtons, se heurtant aux amphores, broyant les insectes et les reptiles sous ses pieds, et les mains jetées en avant, s'évertuant à percer du regard l'obscurité qui l'enveloppait.

Sa recherche fut vaine.

La cloison était muette, — rien ne remuait, rien ne répondait.

Il s'attendait à chaque instant à être frappé dans l'ombre, par un ennemi invisible, et il n'avait qu'un poignard pour se défendre. En plein jour, il n'eût pas reculé devant dix assassins, mais la nuit, sans armes, le courage était inutile et la mort inévitable !

Comme il en était là de ses réflexions, une porte s'ouvrit mystérieusement à ses côtés, et une main se posa sur son épaule.

— Qui va là ! cria-t-il, en se mettant sur la défensive.

— Silence ! ou vous êtes perdu ! répondit une voix de femme.

— Qui donc êtes-vous ?

— On m'appelle Viviane.

— Et que me voulez-vous?

— Je viens vous sauver.

Rustique ne croyait pas un mot de ce qu'on lui disait, mais il n'avait pas le choix, et il fit semblant de croire.

— Soit ! poursuivit-il, que faut-il que je fasse ?

— Avez-vous du courage, messire?..

— Voilà une question qui ne peut être adressée impunément à un homme, que par une femme.

— Ecoutez-moi donc, continua Viviane, il y a au bas de l'escalier par lequel vous avez été introduit ici, deux hommes qui vous attendent pour vous assassiner.

— Ah! ah! fit Rustique je m'en doutais.

— Les ordres qu'ils ont reçus sont précis, et ils ne vous feraient aucun quartier.

— Diable... et qui leur a donné ces instructions?

— Moi-même.

— Mais je ne comprends plus.

— Qu'importe... dit Viviane.

— Au fait! repartit Rustique, vous avez

raison... et pourvu que j'échappe à leurs poignards...

— Je vous le promets.

— Alors, je n'ai plus rien à dire.

— Et vous allez me suivre ?

— Quand vous voudrez.

Viviane fit quelques pas en avant, et s'empara dans l'ombre de la main de Rustique, mais ce dernier la retint encore.

— Vous hésitez ! dit Vivianne en se retournant.

— Nullement.

— Qui vous arrête alors ?

— Un scrupule.

— Hâtez-vous, car nous n'avons pas de temps à perdre... de quoi s'agit-il ?

— Je ne suis venu ici que pour sauver Marcelle, dit Rustique, et cependant, voilà que je vais fuir, sans avoir rien fait pour la défendre.

— Pensez-vous la sauver en restant?

— Je ne sais.

— Aimez-vous mieux mourir?

— Peut-être...

Il y eut silence, pendant lequel la main de Viviane trembla dans celle du jeune homme.

— Voyons, messire, dit-elle bientôt après, d'une voix lente et émue, avez-vous confiance en moi, et me croirez-vous, si je vous assure que je sauverai Marcelle?

— Je vous croirai, répondit Rustique, d'un ton résolu.

— Eh bien! venez donc, car je vous jure qu'avant une heure, Marcelle sera rendue à son père...

Rustique fut vraisemblablement satisfait de cette assurance, car, dès ce moment il se mit à suivre la jeune fille, sans ajouter une parole de plus.

Ils traversèrent ainsi deux vastes chambres, dans lesquelles régnait l'obscurité la plus complète, et pénétrèrent en dernier lieu dans une salle octogone, dont la fenêtre, grande ouverte, donnait sur la rue.

Viviane s'arrêta.

— La porte étant gardée par deux hommes résolus à en défendre l'approche, dit-elle alors à voix rapide, j'ai pensé qu'il ne vous restait qu'un seul moyen de fuir.

— La fenêtre ? fit Rustique.

— La fenêtre... répéta Viviane.

Rustique jeta un regard dans la rue.

— Il y avait à peine vingt pieds de distance.

— C'est moins difficile que je ne l'espérais, dit-il en revenant aussitôt vers la jeune fille.

— Ainsi vous acceptez ?

— Pardieu...

Et il allait escalader la fenêtre, quand une idée soudaine le fit revenir sur ses pas.

— Une seul chose m'inquiète... dit-il d'un air soucieux, si j'allais être attaqué!

— Vous en seriez quitte pour vous défendre.

— Sans armes !

— N'en avez-vous donc point?

— Mon épée s'est brisée au moment

où j'allais percer Mouchy de part en part.

Viviane alla vivement vers une panoplie, et en arracha une épée qu'elle tendit à Rustique. Celui-ci la reçut avec joie et l'examina un moment avec toute l'attention d'un connaisseur ; — puis, comme si cet examen eût tout à coup éveillé en lui un souvenir oublié, il regarda la jeune fille avec stupeur.

— Parbleu, murmura-t-il, voilà qui est singulier.

— Qu'avez-vous ?...

— Cette épée...

— Eh bien ?

— De qui la tenez-vous ?

— Qu'importe.

— Oh ! répondez, Viviane... répondez.

— Qu'a donc cette arme de particulier?

— Rien... sans doute... répondit Rustique dont le regard allait, incertain et troublé, de l'épée à Viviane, mais c'est qu'elle me rappelle...

— Quoi donc?

— Elle me rappelle l'arme avec laquelle j'ai tué mon geôlier.

En ce moment des chants se firent entendre à quelque distance, et Viviane ayant pressé Rustique de ne pas perdre davantage de temps, ce dernier s'élança vers la fenêtre qu'il enjamba lestement, et commença à opérer sa descente, en s'aidant des pieds et des mains, le long des solives qui formaient saillie. — Il ne lui fallut pas moins de cinq minutes ; cinq minutes pendant lesquelles il se vit vingt fois sur le point de tomber.

Malheureusement, un danger d'un autre genre et plus sérieux peut-être l'attendait au moment où il allait poser le pied sur le sol.

Les chanteurs qu'il avait entendus un instant auparavant, étaient de jeunes seigneurs en gaîté, qui n'avaient rien trouvé de plus spirituel, après le bal de la cour, que de se mettre à parcourir les rues, en prodiguant les richesses de leurs vocalises nocturnes.

Or, en arrivant près de la demeure de Viviane, ils avaient aperçu Rustique suspendu, l'épée entre les dents, aux angles des piliers, et bien certains qu'ils allaient assister au dénoûment d'un drame d'amour, ils s'étaient à l'envi précipités sous les arcades de la maison.

En se laissant choir à terre, Rustique se trouva donc au milieu d'eux, et fut accueilli par un éclat de rire bruyant

— Dieu me damne! dit un des jeunes seigneurs, le mari aurait eu fort à faire avec un pareil rival...

— Combien étaient-ils donc contre vous, messire? dit un autre.

— Et comment se nomme la dame qui choisit si bien ses amoureux? ajouta un troisième.

Rustique, d'abord abasourdi par ces brusques interpellations faites à brûle-pourpoint, promenait son regard indécis autour de lui. Il écoutait sans entendre, et ne trouvait pas même une parole à répondre.

— Ça, reprit un des jeunes fous, m'est avis que celui-ci est muet.

— Ou qu'il est sourd.

— Ou qu'il se moque de nous.

— Croix-Dieu! ce serait drôle.

Et le cercle se resserra presque menaçant. Dès ce moment, les railleries devinrent plus vives et plus insultantes, et chaque seigneur crut de son honneur d'y contribuer, selon la mesure de son esprit ou de son courage...

Rustique avait toutes les peines du monde à se contenir; la lame de son épée frémissait dans sa main, une sourde colère grondait dans sa poitrine, et tout son sang refluait vers son cœur.

Tout à coup il laissa échapper un cri de surprise.

Au nombre de ses adversaires, il venait de reconnaître le fils aîné du prévôt, — le frère de Marcelle !...

Cette vue parut lui rendre instantanément sa présence d'esprit tout entière, et d'un mouvement énergique de son épée, il fit reculer de trois pas les seigneurs qui l'entouraient.

Georges seul, le fils du prévôt, n'avait pas bougé. — Rustique marcha vers lui.

Il était beau d'indignation, de colère contenue et d'audace ; la lune qui l'éclairait en plein corps, détachait vivement sa silhouette élégante et forte, et mille éclairs jaillissaient de son regard.

Il saisit la main de Georges.

— Messire, dit-il alors, le front haut et la voix ferme, vous me demandiez tout à l'heure ce que je venais de faire dans cette maison d'où vous m'aviez vu sortir.

— En effet!... fit Georges.

— Eh bien! voulez-vous que je vous le dise maintenant?...

— Pardieu!

— Songez, messire, poursuivit Rustique, que ce secret va compromettre l'honneur d'une femme, et peut-être celui d'une famille entière.

— Parlez, parlez! cria-t-on de tous côtés.

Cependant Georges commençait à sentir une sourde inquiétude monter de son cœur. Cet homme qui lui parlait avait un tel accent d'autorité, et paraissait si pénétré et si convaincu, qu'il ne savait plus qu'en penser. Les fumées de l'ivresse s'étaient d'ailleurs dissipées, il était calme maintenant, et avait repris toute sa raison. Instinctivement la prudence lui revint, et comme s'il eût eu un vague soupçon de la réalité, il entraîna Rustique à quelques pas, c'est-à-dire assez loin de ses compagnons pour qu'aucune de leurs paroles ne pût être entendue.

— Voyons, messire, dit-il aussitôt à voix rapide et basse, nous voici seuls maintenant; expliquez-vous, et finissons-en promptement avec tous ces mystères.

— Soit! repartit Rustique, d'autant que, plus que vous peut-être, j'ai hâte de m'éloigner d'ici.

Parlez donc!

— Eh bien! il y a quelques heures, une jeune fille, enlevée par surprise, au sortir du bal de la cour, a été conduite en cette demeure.

— Pour quel motif?

— Cette jeune fille est belle, messire.

— Mais son nom?...

— Le ravisseur se nomme Mouchy.

— Mouchy...

Georges redressa le front : il était pâle comme une statue de marbre.

— Cette jeune fille, poursuivit Rustique, a trois frères jeunes, braves, courageux peut-être, mais trop préoccupés de leur ambition personnelle pour songer à protéger l'honneur menacé de leur famille...

— Voilà une insulte qui pourrait vous

coûter cher, dit Georges d'une voix contenue, ne le savez-vous pas ?

Rustique haussa les épaules.

— Qu'à cela ne tienne, répondit-il froidement, le cas échéant, je ne laisserai point à d'autres le soin de me défendre.

— Messire!...

— Voulez-vous que je continue ?

— C'est inutile.

— Vous avez compris bien vite...

— Ah! trêve d'injures, interrompit Georges, elles n'ajouteraient rien à ma colère ni à ma haine. Mon service m'appelle maintenant auprès du roi, puis-je compter seulement que vous vous tairez jusqu'à demain ?

— Mon secret mourra avec moi, repartit Rustique.

— Je ferai en sorte que ce soit le plus tôt possible, ajouta Georges.

Et ayant salué son adversaire, il alla rejoindre ses compagnons, pendant que Rustique, tirant de son côté, se hâtait de regagner son logis.

V

Le billet.

Quand Rustique se réveilla à la suite de cette nuit si pleine d'incidents de toutes sortes, le soleil pénétrait joyeux à travers la fenêtre, et décrivait des losanges étincelants sur le plancher de sa petite chambre.

Il se jeta vivement à bas de son lit.

Le sommeil lui avait rendu une partie de ses forces ; il se trouvait plus souple et plus vaillant qu'il ne l'avait jamais été.

Il se mit à parcourir sa chambre.

Les événements de la veille avaient passé devant lui avec une telle rapidité, qu'il ne les entrevoyait plus maintenant que comme à travers les vapeurs transparentes d'un rêve. Marcelle, Mouchy, Viviane, Georges lui étaient apparus dans la nuit ; il hésitait à les reconnaître.

N'avait-il pas été le jouet de quelque hallucination ; n'y avait-il point de magie dans son fait?... Tout cela était-il bien réel?... Il ne savait que penser.

Et cependant l'épée que lui avait donné Viviane était là..... Comment douter..... D'ailleurs, la voix de Marcelle résonnait encore comme une douce harmonie à son oreille, il ne pouvait l'avoir oubliée...

Tout en marchant il s'habillait.

Il avait passé ses trousses, son pourpoint, ses dentelles, il allait ceindre son épée, quand il s'arrêta.

Sur la poignée de son épée il y avait un billet.

Le billet ne s'y trouvait point le matin quand il était rentré; il était évident que quelqu'un avait pénétré dans sa chambre pendant son sommeil.

Une partie de ses incertitudes lui revinrent et ce ne fut qu'avec une certaine appréhension qu'il ouvrit la missive.

Il n'y avait que deux lignes :

« *Ce soir, à neuf heures, rendez-vous près de Saint-Germain l'Auxerrois, et suivez la personne qui prononcera ces mots :* MARCELLE ET RUSTIQUE. »

C'était tout. — Plus bas seulement on avait ajouté, et comme à la hâte, cette simple recommandation :

« *Défiez-vous de Mouchy !* »

Rustique demeura stupéfait après cette lecture.

Marcelle et Rustique !...

Qu'avait-on voulu dire par ces deux noms placés l'un près de l'autre... Etait-ce une ruse... ou une promesse sincère... Devait-il répondre à cet appel?... Etait-il prudent de s'exposer à des dangers presque certains, sur la foi d'un simple billet au bas duquel ne figurait aucune signature?

Les aventures de la veille n'avaient pas calmé son effervescence : elles avaient encore moins refroidi son amour. Il existait maintenant entre Marcelle et lui un lien indissoluble; le hasard où Dieu les avait un jour placés tous les deux, à la même heure, sur la même route; rien ne pouvait désormais détacher Rustique de la fille du prévôt.

Il ceignit son épée.

Et puis, pourquoi aurait-il repoussé cette nouvelle chance de bonheur qui s'offrait à lui? Il y avait si peu de temps qu'il était né à la vie de ce monde, tout lui avait été jusqu'alors amertume et dégoût. Le lendemain même, ne devait-il pas croiser son épée contre celle d'un gentilhomme justement redouté pour son adresse et son courage? Ce duel pouvait lui être fatal, et il ne voulait pas mourir sans avoir revu la seule femme qu'il eût encore aimée. — Il suffisait que ce pût être Marcelle qui l'appelât, pour qu'il n'hésitât pas une seconde.

Il se promit de ne pas manquer au rendez-vous.

Quant à la recommandation qui terminait la lettre en forme de *post-scriptum*, elle était parfaitement inutile. Rustique connaissait déjà assez Mouchy pour n'avoir plus en lui qu'une confiance très limitée.

Il en était là de ses réflexions, quand quelques coups frappés à la porte de sa chambre, vinrent changer le cours de ses préoccupations.

C'était sans doute d'Aubigny ou Coquastre qu'il n'avait pas vus depuis la veille, et il se disposa à les aller recevoir.

Mais déjà la porte s'était ouverte, et en apercevant l'homme qui entrait, Rustique recula de deux pas.

C'était Mouchy!...

Ce dernier avait le sourire sur les lèvres; il salua Rustique d'un geste ironique, et gagna à pas lents et mesurés un fauteuil, sur lequel il s'assit.

— Enfin, je vous trouve, dit-il en jetant son feutre à quelque distance, et j'ose dire que ce n'est pas sans peine... Savez-vous bien, messire, que vous m'avez taillé une fière besogne depuis hier?

— Moi! fit Rustique.

— Pardieu! je vous conseille de faire l'ignorant... Comment, je vous introduis au Louvre, je vous y ménage l'occasion de voir Marcelle, et pour reconnaître de pareils services, que d'autres à votre place eussent payés bien cher, vous m'éventrez mon meilleur cheval, vous tentez de m'enlever la fille du prévôt, et vous allez prendre rendez-vous avec son frère pour demain matin!

— Quoi! vous savez...

— Je sais bien d'autres choses, mais ce n'est ni le lieu ni le moment de vous les dire... D'autres préoccupations m'amènent, et j'ai hâte, d'ailleurs, de savoir au juste à quoi m'en tenir sur vos intentions...

Ces derniers mots avaient été prononcés

par Mouchy d'un ton plus sérieux que le reste ; ils ne réussirent qu'à amener un pli railleur sur les lèvres de Rustique.

— Malgré tout votre talent de divination, répliqua-t-il, je m'aperçois qu'il est encore bien des secrets que vous ignorez... mais vous vous êtes trompé étrangement, si vous avez pu croire que je vous livrerais les miens.

— Et pourquoi cela ?... fit Mouchy.

— Nous n'avons pas le même but.

— Qu'en savez-vous?

— Le vôtre est infâme...

— Allons donc.

— Et je mettrai tous mes soins à empêcher que votre projet s'accomplisse.

— C'est donc la guerre que vous voulez.

— La guerre, soit! répondit Rustique en relevant le front avec hauteur.

Mouchy croisa tranquillement ses jambes l'une sur l'autre.

— Je crois, reprit-il aussitôt, que nous ne nous entendons pas, et que, sans le vouloir, nous faisons fausse route l'un et l'autre... à tort ou à raison, vous m'avez inspiré une sympathie vive.

— Je n'en crois rien.

— Bon! je m'attendais à la réponse... vous êtes défiant.

— On le serait à moins.

— Cependant, si ce n'est pas de la sympatie, de quel nom appelez-vous ce sentiment qui m'a engagé à vous conduire hier au Louvre, et qui m'amène encore aujourd'hui dans votre mansarde?

— Je n'ai point cherché à me l'expliquer.

— Dites plutôt, messire, que vous avez été prévenu contre moi.

— Par qui donc?

— Quand ce ne serait que ce billet que vous avez trouvé dans la poignée de votre épée.

Rustique rougit jusqu'aux oreilles.

— Ce billet, balbutia-t-il, partagé entre l'étonnement et la colère.

— *Défiez-vous de Mouchy*.

— Vous l'avez lu.

— Vous voyez que j'ai bien fait.

Rustique porta la main à son épée qu'il tira à moitié du fourreau, puis, comme s'il eût eu honte de ce premier mouvement irréfléchi, il haussa les épaules, marcha vers la porte qu'il ouvrit, et indiquant cette issue à Mouchy, d'un geste à la fois digne et impérieux :

— Messire, lui dit-il, je dois me battre demain avec le fils du prévôt, et il ne me convient pas de croiser le fer en ce moment contre vous... Mais comme je tiens à honneur de cesser, à l'instant même, tout commerce avec un homme de votre sorte, je vous prie et je vous ordonne au besoin de sortir immédiatement de cette chambre.

Pour toute réponse, Mouchy poussa un long éclat de rire, alla fermer la porte, et revint s'asseoir dans son fauteuil.

— Voilà, cependant, dit-il d'un ton de reproche, comme, avec les meilleurs sentiments du monde, on arrive bien souvent à ne faire que des ingrats.

— Des ingrats! repéta Rustique en le regardant.

— Voyons, n'est-ce pas à ma protection que vous devez d'avoir pénétré hier dans le Louvre, n'est-ce pas grâce à moi que vous avez pu voir Marcelle, lui parler, passer près d'elle une heure entière, sans que personne vint déranger ce charmant tête-à-tête?

— Qui vous a dit?

— J'étais là.

— Vous écoutiez?

— Cela n'en valait-il pas la peine?...

La colère souleva encore une fois la poitrine de Rustique, mais il eut assez d'empire sur lui-même pour se contenir.

— Quel homme êtes-vous donc? dit-il

alors comme un homme glacé d'une mystérieuse épouvante.

Mouchy sourit d'un air satisfait, et se renversa complaisamment sur le dossier de son fauteuil.

— Quel homme je suis, répondit-il avec un ricanement, oh! par ma foi, vous m'embarrassez fort, car je ne le sais pas bien moi-même..... D'ailleurs, cela vous intéresse-t-il, et ne le saurez-vous pas bientôt? Et puis, à quoi bon? ce n'est pas de moi qu'il s'agit, mais de vous... Parlons donc de choses plus sérieuses, messire, et tâchons au moins de nous entendre une bonne fois, si c'est possible.

Rustique ne répondit pas, mais il alla s'accouder à la fenêtre ouverte et attendit :

Mouchy reprit aussitôt d'une voix brève et incisive :

— Vous aimez la fille du prévôt?

— Je l'aime ! répondit Rustique.

— Bien! Marcelle, de son côté, ne vous voit pas avec déplaisir.

— Qui vous donne lieu de le croire ?

— Eh! mon Dieu... tout et rien... ceci et cela... que sais-je ? Marcelle est dans un âge où le premier homme qui éprouvera pour elle un amour profond, et qui saura le lui dire, est bien certain de toucher son cœur... C'est physique, cela ; je n'en sais pas plus long, et ne puis en dire davantage ; vous ignorez si cette jeune fille vous aime, et cependant, je gage qu'un secret instinct vous l'assure.

— Peut-être. 

— Je connais cela...

— Où voulez-vous en venir ?

— Vous aimez Marcelle, et toute votre ambition est d'en faire votre maîtresse, n'est-ce pas ?

— Vous vous trompez.

— Ah !

— J'ai plus d'ambition que cela.

— Vraiment ?

— Marcelle ne saurait être ma maîtresse, mais rien n'empêche qu'elle devienne ma femme.

— Vous croyez ?...

— N'êtes-vous pas de mon avis ?

— A moins que vous n'ayez l'intention de tuer le prévôt et ses trois fils.

— Pensez-vous donc qu'il n'y ait pas d'autre moyen ? demanda Rustique.

— J'en suis certain, repartit Mouchy.

— Alors je serai bien forcé d'employer celui-là.

Mouchy ne put s'empêcher de sourire à l'assurance de son interlocuteur. — Depuis qu'il exerçait son honnête industrie, c'était la première fois qu'il avait affaire à un homme de cette trempe.

— Savez-vous, dit-il tout à coup, que plus je vous vois, messire Rustique, plus je vous trouve étrange.

— C'est trop de bonté...

— Vous êtes un homme singulier.

— On me l'a dit quelquefois.

— Qu'êtes-vous venu faire à Paris ?

— Je ne sais.

— Vous aviez un but?

— Nullement.

— Y connaissez-vous quelqu'un?

— Personne.

— C'est une véritable énigme...

— Et vous voudriez bien en savoir le mot?

— C'est vrai!

Et comme si les dernières paroles de Rustique eussent tout à coup éveillé chez Mouchy un désir depuis longtemps couvé, ce dernier se prit à l'examiner avec une attention toute particulière.

— Au fait, reprit-il bientôt après, j'ai pénétré des mystères plus voilés, et surpris des secrets mieux cachés; j'ai bien envie d'essayer...

— En faisant cela, vous m'obligerez, repartit Rustique.

— Pourquoi?

— Parce que si vous veniez à découvrir qui je suis, vous m'en feriez probablement part, et que je ne serais vraiment pas fâché de savoir à quoi m'en tenir sur mon propre compte.

— Parlez-vous sérieusement?

— Sur l'honneur.

— Où étiez-vous donc avant de venir à Paris?

— Ma foi, messire, je sortais de prison.

Mouchy ne put réprimer un mouvement de surprise, et son attention se concentra davantage; ces derniers mots lui avaient donné l'éveil, et maintenant il voulait en savoir plus long. Heureusement, ce changement n'avait pas échappé à Rustique, et ce dernier se tenait déjà sur ses gardes.

— De prison!.. reprit Mouchy d'un ton

nonchalant, comme s'il n'eût attaché qu'une faible importance à ce détail, et que diable y faisiez-vous?...

— Je m'y ennuyais, répondit Rustique.

— Avez-vous donc commis quelque crime?

— Je ne pense pas.

— Encore, y avait-il un motif...

— C'est probable.

— Et quel est-il?

— On ne me l'a jamais fait connaître.

Mouchy se mordit les lèvres. Il comprit de suite qu'il était deviné et qu'il ne parviendrait pas à rien découvrir, ce jour-là du moins. Il se leva, et reprit son feutre dont il se couvrit.

— Ainsi, dit-il d'un ton dégagé, vous voulez épouser Marcelle?

— Je ferai mon possible.

— Et vous ne craignez pas d'éveiller la colère de ceux qui l'entourent?

Rustique fit un geste de dédain :

— Je me bats demain, dit-il simplement, avec le fils aîné du prévôt, ce sera toujours un de moins.

— De mieux en mieux... mais s'il vous tue?...

— Ah! s'il me tue, la question se trouvera bien simplifiée; toutefois, j'ai une trop bonne opinion de moi-même pour redouter une pareille catastrophe.

— Vous avez donc souvent fait des armes?

Rustique releva le front et un éclair sillonna son regard.

— C'est ce que vous pourrez apprendre,

répondit-il avec une certaine hauteur provocante, si le cœur vous en dit quelque jour, messire; malgré tout l'intérêt que vous me portez, je me ferai un véritable plaisir de vous montrer comment je manie une épée, en vous la passant au travers du corps.

Mouchy poussa un joyeux éclat de rire à cette provocation, et pour toute réponse, il salua profondément Rustique et se hâta de disparaître.

VI

Le cabinet de deuil.

Le soir venu, Rustique se rendit à l'église Saint-Germain-l'Auxerrois, où, suivant les indications du billet qu'il avait reçu, une personne devait l'attendre.

Dans la journée, il avait vu Coquastre

et d'Aubigny, et s'était entendu avec eux pour le duel du lendemain. C'est donc dégagé de toute préoccupation, qu'il allait à ce rendez-vous, où tout lui donnait lieu de croire qu'il trouverait Marcelle.

Marcelle !

Plus les obstacles s'accumulaient sur son chemin, plus il apportait d'ardeur et de ténacité. Les considérations présentées par Mouchy, l'avaient fort peu touché, et il se sentait tout aussi disposé à ne s'arrêter que devant l'indifférence de Marcelle.

C'est le propre de l'amour vrai, de ne s'effrayer d'aucune difficulté, et de trouver même un aliment de plus, dans les dangers qu'il éveille.

En approchant de l'église, Rustique

aperçut une femme accroupie sous le porche. — Elle était seule, il alla à elle.

— *Marcelle et Rustique !* dit la femme à voix basse.

— Je vous suis, répondit Rustique.

Et ils s'éloignèrent, sans prononcer une parole de plus, la femme devant, Rustique derrière.

Le trajet fut court : ce dernier le connaissait déjà pour l'avoir fait souvent, quand il suivait Marcelle. — Arrivé à la rue de Béthisy, il fut introduit dans cette maison où il avait vu bien des fois entrer la fille du prévôt.

Il se laissa conduire.

Ils traversèrent ainsi une grande cour déserte et silencieuse, passèrent par un vestibule de dimension gigantesque, descendirent quelques marches, après lesquelles une porte basse et vitrée leur donna accès dans un parc immense.

Il faisait une nuit éclatante. — Le ciel était pur, nulle étoile ne brillait au firmament, un vent frais agitait doucement la cîme des arbres, et la lune semait sur le sables des allées, des myriades de losanges lumineux et mouvants.

Une douce confiance pénétra à cette vue le cœur ému de Rustique. — Cette nuit ne semblait-elle pas faite exprès pour la mélancolie et l'amour?

Cependant la femme qui lui servait de guide, venait de s'arrêter, et semblait prêter l'oreille.

— Qu'y a-t-il? demanda le jeune homme, en se penchant vers elle.

— Je croyais avoir entendu quelque bruit, répondit la femme.

— Nous aurait-on suivis ?

— Je le crains.

— Voulez-vous que j'aille m'assurer.

— Non! interrompit vivement la femme, non, pas vous, ce serait imprudent, vous ne connaissez pas ce parc, et votre recherche serait vaine... laissez-moi faire, je vais moi-même de ce côté, et avant quelques minutes, je serai de retour.

Et sans attendre l'assentiment de Rustique, elle partit, reprenant le chemin par lequel ils étaient venus.

Rustique demeura seul, et attendit avec une vive anxiété, le résultat des investigations de son guide.

Cet incident avait jeté dans son cœur,

une inquiétude vague. La conversation qu'il avait eue le matin même avec Mouchy, ne contribuait pas peu à le troubler et à lui faire craindre quelque embûche : il regardait et écoutait.

Quelquefois il croyait voir de longs fantômes blancs, glisser silencieusement entre les arbres; plus souvent, il s'imaginait entendre à ses côtés, ou derrière lui, quelques paroles échangées mystérieusement dans l'ombre ; alors ses cheveux se dressaient sur son front, et sa main serrait énergiquement la poignée de son épée.

Le moindre frôlement du vent dans les branches, le plus petit cri d'oiseau, le murmure des cours d'eau sur leur lit caillouteux; tout lui était sujet d'appréhension et de défiance.

Une chose singulière, et dont il n'eut l'explication que longtemps après, vint encore augmenter le trouble qui s'était emparé de son esprit.

A un moment, et comme il suivait avec une attention profonde ces mille rayons lumineux qui tombaient, comme une pluie d'or, des branches agitées par la folle brise de nuit, il se redressa tout à coup pâle et effaré, et jeta un cri de surprise et de stupéfaction.

A quelque distance, il venait d'apercevoir Coquastre, accompagnant le père Blondel, et la jolie Denise, sa fille!...

Au cri qu'il avait poussé, Coquastre, Blondel et Denise se retournèrent de son côté ; mais soit qu'ils ne l'eussent pas reconnu, soit qu'ils n'eussent pas voulu le reconnaître, ils continuèrent leur route sans prendre garde à lui.

Une sueur froide perla sur le front de Rustique.

Un instant après, ce fut au tour de Marcelle. — Cette nuit devait être féconde en événements mystérieux et inexplicables

Quand Marcelle passa près de lui, son regard s'arrêta un moment, froid et méprisant, sur son front, un sourire d'une amertume sanglante plissa ses lèvres, et elle s'éloigna droite et fière, sans daigner se retourner avant de disparaître.

Rustique était resté muet et terrifié devant cette étrange apparition, l'idée ne lui était pas même venue de s'élancer sur ses pas, et de solliciter une explication; son cœur se prit à battre violemment, et il se demanda, avec une épouvante glacée, s'il n'était pas le jouet de quelque sortilége.

Heureusement, son guide vint, sur ces entrefaites, le rappeler à la réalité de la situation, et ces apparitions ne se présentèrent plus à son esprit qu'à l'état de fantômes ou de visions.

— Eh bien! dit-il à la femme, dès qu'il la vit revenir, que se passe-t-il?

— Rien, répondit la femme.

— Qu'avez-vous vu?

— Des amis.

— Mais encore?

— Messire Coquastre et Blondel, la fille de ce dernier, et madame Marcelle.

En disant ces mots, d'un ton absolument indifférent, la femme reprit sa marche sans attendre d'autres questions.

Rustique avait eu un frisson. — Ainsi, ce qu'il avait cru voir, il l'avait bien vu; il ne s'était pas trompé; Marcelle avait passé près de lui, et, en passant, elle lui avait jeté un regard où brillait un amer et profond mépris.

Au bout de cinq minutes de marche, ils atteignirent un grand corps de logis, situé à l'extrémité même du parc. Ce corps de logis n'avait qu'un rez-de-chaussée, ils y entrèrent.

Ils traversèrent alors plusieurs salles désertes, et arrivèrent en dernier lieu à une pièce de forme particulière, dans laquelle le guide pria Rustique d'attendre quelques instants.

Pour la seconde fois, Rustique resta donc seul, en attendant que la personne qui l'avait mandé près d'elle vint lui donner le mot de cette énigme qui se jouait autour de lui depuis un quart d'heure.

Nous disions que la pièce dans laquelle il venait de pénétrer affectait une forme particulière, et en effet... C'était ce que l'on appelait au Moyen-Age *un cabinet de deuil*, sorte d'oratoire plein d'ombre, entouré de solitude et de paix, dans lequel les âmes rudement éprouvées par les douleurs de la vie venaient regretter et pleurer à leur aise les illusions et les joies perdues.

Bien qu'il eût d'autres sujets plus graves

de préoccupation, Rustique ne put s'empêcher cependant d'examiner cette pièce avec un curieux intérêt. Les parois des murs étaient tendues, dans toute leur hauteur, de velours noir, orné de crépines d'argent : au fond, en face de la porte d'entrée, était placé un prie-Dieu en bois sculpté, recouvert de velours, décoré de bas-reliefs, et flanqué de pilastres fleurdelisés ; au-dessus du prie-Dieu, s'ouvrait un rétable flamand, peint et doré, représentant la MÈRE DE DOULEURS. Sur le premier plan, la Mère de Douleurs se tenait agenouillée et dans l'attitude de la prière. Dans le fond, s'élevaient les murailles crénelées d'une ville à l'architecture gothique, et au-dessus, un dais à dessins à jour, richement dentelé. A droite et à gauche, deux siéges enrichis de bas-reliefs à figures, et surmontés d'un riche dais travaillé à jour; enfin, et se faisant pendant, deux *dyptiques* ou tableaux à volets, représentant en émail de couleur sur paillons, l'un, le Christ et la Vierge, l'autre, le Portement de Croix et le Calvaire.

Il y avait alors beaucoup de cabinets de deuil ou oratoires, qui présentaient les mêmes dispositions, et témoignaient également d'un regret persistant et d'un deuil longtemps porté, mais aucun n'attestait aussi manifestement, dans sa simplicité sévère, la tristesse sincère et la douleur profonde.

Il régnait dans ce retrait, doux et sombre à la fois, un air de calme et de paix qui inspirait le respect et la piété. Rustique n'avait jamais rien vu de semblable, et, malgré lui, il se sentit ému et troublé.

Toutefois un soupçon lui vint à l'esprit. Il se dit qu'évidemment cette habitation n'appartenait point à Marcelle; que ce n'était point elle qui l'avait fait venir, et que d'ailleurs et dans tout état de choses, le lieu était singulièrement choisi pour un rendez-vous.

Qui donc lui avait envoyé le billet, sur la foi duquel il était accouru?...

Il en était là de ses réflexions, quand la porte de l'oratoire s'ouvrit. — Une femme entra.

Elle était grande, et vêtue de velours noir; son front avait la pâleur mate du marbre, et quelques rides sillonnaient son visage, sur lequel brillaient encore les vestiges d'une beauté éclatante. Elle pouvait avoir quarante ans à peine. Rustique ne connaissait pas cette femme, et pourtant, à sa vue, il se fit en lui un profond tressaillement. Il s'inclina devant elle, comme il eût fait devant une reine.

— C'est vous, messire, qui vous appelez Rustique? dit alors la femme en prenant un des deux siéges, et en invitant son interlocuteur à s'emparer de l'autre.

— Oui, madame, répondit ce dernier.

— Vous étiez avant-hier au bal du Louvre?

— En effet.

— Et en sortant, vous vous êtes pris de querelle avec le fils du prévôt, et vous vous êtes donné rendez-vous pour demain?

— Pour demain, cela est exact.

Il y eut un silence. La femme considérait Rustique avec un intérêt mêlé de tendresse et de terreur ; sa poitrine se soulevait péniblement : on devinait qu'il se livrait en elle un combat étrange, dont les alternatives diverses venaient se refléter sur son visage. — De son côté, Rustique ne savait trop que penser de ce rendez-vous : il se perdait en conjectures sur les raisons qui avaient pu y donner lieu ; un instant même, il crut qu'il se trouvait en présence de la mère de Georges.

Son interlocutrice reprit presque aussitôt d'une voix qu'un sentiment secret et mal contenu faisait trembler :

— On m'appelle la comtesse Eléonore, et c'est moi, messire, qui vous ai envoyé le billet que vous avez reçu ce matin.

Rustique s'inclina.

— Il y a longtemps, poursuivit la comtesse, que je désirais vous voir et vous parler, mais jusqu'à ce jour j'avais hésité.

— Et pourquoi cela ?...

— C'est que vous ignorez bien des secrets de votre propre existence, et que je ne voulais pas donner à certains hommes le soupçon de votre présence à Paris.

— Je ne comprends pas.

La comtesse essaya un sourire triste et pâle.

— Il est important que vous ne compreniez pas tout à fait, messire, répondit-elle, parce que vous êtes jeune, et qu'à votre âge, on est facilement imprudent. — Il y a un mois que vous n'existeriez plus, si je vous avais vu le jour de votre arrivée à Paris.

Rustique ne put s'empêcher de sourire à son tour.

— En vérité, madame, répondit-il, si je prenais vos paroles trop au sérieux, vous me feriez croire à une importance que je n'ai certainement pas et que je ne veux point avoir. Qui donc pourrait m'en vouloir, à moi, qui ne suis rien dans ce monde, qui n'ai ni ambition ni haine, et qui ne demande à Dieu que de vivre ignoré et libre?... Non, non, rassurez-vous, les dangers dont vous me parlez passeront près de moi sans m'atteindre, et si le duel de demain ne m'est pas fatal, j'espère vivre encore de longs jours sans avoir rien à redouter.

— Je ne sais, messire Rustique, répondit la comtesse, si vous avez bien réfléchi à ce qui s'est passé depuis deux jours.

— Quoi donc ?

— N'y a-t-il point dans ce duel certaines particularités qui vous aient étonné?

— Nullement.

— Cependant, vous vous appelez Rustique, et rien de plus?

— Rien de plus.

— Croyez-vous qu'il soit dans les habitudes de nos gentilshommes de se battre ainsi avec le premier venu, sans s'enquérir ni de son passé ni de son nom ?

Rustique se tut.

— Eh bien, je vous apprendrai, moi, messire, continua la comtesse, que cette observation a été faite au fils du prévôt, et que le fils du prévôt avait, dans le premier moment, résolu de ne donner aucune suite à ce duel.

— Que dites-vous ?

— La vérité.

— Le fils du prévôt a-t-il donc peur d'un coup d'épée ?

— Il a peur du ridicule.

— Et ce duel... ce duel...

— Georges n'est revenu de sa détermination que sur les instances de Mouchy, à qui vous aviez eu ce matin l'imprudence de dévoiler une partie de votre secret.

Mille idées confuses se croisaient et s'enchevêtraient dans l'esprit de Rustique, et il ne pouvait comprendre quelle relation il y avait entre l'imprudence qu'il avait commise, et la détermination prise par le fils aîné du prévôt. D'ailleurs, une chose l'intriguait encore plus que tout le reste, c'était cet intérêt que lui témoignait une femme qui lui était parfaitement inconnue et qu'il voyait pour la première fois de sa vie. Il avait trop de franchise dans le caractère pour garder long temps un pareil soupçon dans l'esprit.

— Pardon, madame, dit-il alors, en se levant et tout en conservant la réserve respectueuse que la comtesse Éléonore lui avait inspirée dès le début; depuis un quart d'heure, j'apprends des choses si singulières qu'il doit bien m'être permis de m'étonner, et j'ai peut-être quelque droit de demander la raison de l'intérêt que vous me témoignez, et le but de cet entretien que vous avez sollicité de moi. Jusqu'à présent, malgré ma bonne volonté, tout m'a semblé mystère dans vos paroles, et c'est en vain que j'ai cherché à donner une explication raisonnable à ce rendez-vous. Parlez-moi donc avec franchise, madame, et dites-moi ce que je dois penser ou ce que je dois faire.

La comtesse prit la main de Rustique et la serra avec une tendre affection dans les siennes.

— Vous dire la cause de l'intérêt que je vous porte, répondit-elle d'un accent brisé, cela m'est impossible aujourd'hui; trop de dangers vous menacent déjà, sans que j'augmente encore les chances terribles qui vous attendent, par une imprudence qui n'ajouterait rien à l'amour que vous m'inspirez ni au bonheur que j'éprouve de vous avoir vu. Par des raisons que Dieu, je l'espère, me permettra de vous dire un jour, ma vie est étroitement liée à la vôtre. Défendez donc vos jours, comme je voudrais les défendre moi-même. — Ce n'est pas ce duel de demain que je crains, c'est surtout cette fierté qui éclate sur votre front, cette franchise qui est dans votre cœur. Pauvre enfant !... vous ne savez donc pas que vous êtes né dans une heure maudite et que vous devez porter la peine d'une faute que d'autres ont commise...... Dans quelque condition que le hasard des circonstances vous jette, rappellez-vous qu'il y a des hommes acharnés à votre perte, qui ne reculeront devant aucune trahison, aucune infamie, pour arriver à leur but..... Soyez prudent, Rustique, si ce n'est pas pour vous-même, que ce soit du moins pour ceux qui vous aiment, et dont la vie est suspendue à la vôtre. — Et maintenant, mon enfant, adieu... un plus long séjour ici pourrait éveiller certains soupçons... partez... nous nous reverrons sans doute... Pensez quelquefois à la comtesse Éléonore... moi, je ne vous oublierai jamais!...

En parlant ainsi, la comtesse s'était levée; elle prit le front de Rustique dans ses mains, et y laissa tomber un baiser avec deux larmes.

Puis, comme elle vit que Rustique la regardait, ému, profondément troublé, et qu'elle craignit peut-être de n'avoir pas de force de garder plus longtemps son empire sur elle-même, elle lui fit vivement de la main un geste d'adieu et disparut.

VII

Le duel

La nuit que Rustique passa à la suite de ces divers incidents, fut fort agitée. — Il dormit peu. Non... que le duel du lendemain l'inquiétât beaucoup, ou qu'il en redoutât l'issue : Depuis longtemps il avait fait le sacrifice de sa vie, ce n'était pas pour son esprit une image étrangère que celle de la mort... dans les jours mauvais du doute et du désespoir, il l'avait plus d'une fois entrevue à travers les hallucinations de la fièvre! D'ailleurs qu'était-ce que la mort pour lui... un refuge, — le repos... Sa vie avait été bien triste jusqu'alors... sa tombe se fermerait sans bruit, aucune douleur ne viendrait s'agenouiller sur la pierre funèbre... combien de fois déjà n'avait-il pas été sur le point de s'élancer du seuil de cette vie dans l'éternité!...

Depuis qu'il avait vu la comtesse Éléonore, les choses s'étaient cependant singulièrement transformées. Les paroles de cette femme l'avaient touché. Il lui semblait maintenant qu'il n'était plus aussi seul dans ce monde... quelqu'un l'aimait d'un amour qui tenait le milieu entre celui de l'amante et celui de la sœur ; la voix de la comtesse était douce ; il y avait dans ses yeux une expression ineffable. Plus d'une fois Rustique avait senti son cœur se fondre sous la tendresse pénétrante de son maternel regard. — Quelle était cette femme ?... à quel sentiment fallait-il rapporter le dévoûment qu'elle lui témoignait ?...

L'image de la comtesse ne fut pas la seule qui vint visiter Rustique, pendant cette nuit d'insomnie et d'agitation. Depuis qu'il était à Paris, il avait été fort occupé ; Coquastre d'une part, Marcelle de l'autre, avaient tenu son esprit et son cœur en éveil....

— Marcelle ! Coquastre ! murmura-t-il, en se laissant glisser dans un fauteuil et en fermant les yeux.

Coquastre! C'était le premier homme qui lui eût été aussi franchement sympathique... le premier ami dans les mains duquel il eût aussi volontiers reposé sa main!... C'était le vrai type de la droiture et de l'honnêteté comme l'histoire du Moyen-Age nous en a légué quelques-uns... il était vif, spirituel, bien découplé... sa figure avait un air particulier d'audace et de sincérité, il allait hardiment à travers la vie, offrant sa poitrine nue à toute épée loyale, son cœur à tout sentiment généreux... Coquastre aurait sacrifié vingt maîtresses à un ami, et quoiqu'il ne connût Rustique que depuis quelques semaines, il lui avait voué néanmoins une amitié qui avait poussé déjà de vives et de profondes racines.

Marcelle!... C'était la première jeune fille sur le front de laquelle il eût oublié son regard... — On pouvait rencontrer bien des femmes d'une beauté plus piquante, on n'en aurait pas trouvé une seule qui offrit dans l'ensemble de sa physionomie tant de charme et d'éclat... Marcelle possédait à la fois et la noble élégance de l'aristocratie et la bienveillance touchante de la bourgeoisie... Rien n'était plus imposant que son regard, ni plus séduisant que son sourire... Rustique l'aimait autant pour sa noblesse que pour sa bonté, et il aurait eu pour elle également ou la calme amitié d'un frère, ou la tendresse inquiète d'un amant.

— Coquastre! Marcelle! murmura-t-il...

Et comme si, au moment de partir pour les mondes inconnus, le regret avait tout à coup brisé son cœur, quelques larmes tombèrent de ses yeux, et vinrent sécher sur ses joues brûlantes.

La nuit se passa dans ces alternatives, sa pensée baignée de mélancolie et d'amour, alla tour à tour de la comtesse à Coquastre, et de ce dernier à Marcelle, et ce ne fut qu'à une heure fort avancée, qu'il put goûter le repos dont il avait besoin.

Coquastre devait venir l'éveiller de bonne heure le lendemain matin. — D'Aubigny les avait suppliés en grâce de lui permettre de se joindre à eux.

Pour que le lecteur comprenne bien la situation respective de nos personnages, et les événements qui vont suivre, il importe, croyons-nous, de dire ici quelques mots des duels en général, et des réglements particuliers introduits depuis quelque temps sur la matière. Le duel est d'ailleurs un des côtés caractéristiques des mœurs du Moyen-Age, et rentre naturellement dans le cadre que nous nous sommes tracés en commençant le *Vieux Paris*.

« Au combat de feu mon oncle de la Châtaigneraie contre Jarnac, dit Brantôme, parmi la grande et superbe assemblée qui s'y trouva, il y avait grande quantité d'ambassadeurs, et entre autres celui du grand sultan Soliman, lequel s'étonna fort et trouva fort étrange ce combat d'un gentilhomme français contre un gentilhomme français, et surtout d'un favori du roi, contre un autre; le roi les allant mettre et exposer ainsi en tel outrage et massacre. »

Il faut avouer que l'ambassadeur du grand Soliman n'avait pas tout à fait tort de s'étonner. — Autrefois, on trouvait dans Paris certains terrains, sablés avec soin, entourés d'une double rangée de palissades, accidentés d'échafauds pour le roi, les dames, les gens de la cour et le peuple. — Cela s'appelait des *champs-clos*. « Il y a grande apparence, dit Sauval, que les lices et champs-clos de Saint-Martindes-Champs, et de l'abbaye de Saint-Germain-des-Prés, étaient toujours prêts, et qu'on les laissait là, sans les renouveler, jusqu'à ce qu'ils ne fussent plus en état de servir. » — Les religieux de ce prieuré et de cette abbaye poussaient la bonté jusqu'à les louer. — De sorte, dit spirituellement Sainte-Foix, qu'on leur avait l'obligation de trouver un endroit où se couper la gorge, qui coûtait beaucoup moins, que s'il eût fallu le faire préparer.

Cette coutume passablement barbare de se couper la gorge pour un *oui* ou pour un *non*, quelquefois pour moins, remontait à des temps bien anciens : « *Que si deux voisins sont en dispute*, disaient les Cartulaires de Dagobert, *qu'ils prennent Dieu à témoin de la justice de leurs prétentions, qu'ils combattent après*, et *que la victoire décide du bon droit.* — Quand un homme était accusé d'un crime, c'était encore au duel que l'on avait recours. On appelait cela le jugement de Dieu. — Dans certaines parties de l'Allemagne, on mettait un cercueil au milieu de la lice: l'accusateur et l'accusé se plaçaient, l'un à la tête, l'autre au pied du cercueil, et ils y restaient quelques instants en silence: Après quoi, on commençait. Plus tard ce ne fut plus pour prouver son innocence que l'on combattit; une simple discussion, un mot, un regard, le plus futile prétexte suffirent à deux hommes pour se croire obligés de se passer une épée au travers du corps. Le duel devint alors une sorte de délassement, et l'on vit souvent les témoins eux-mêmes prendre une part active et sanglante au combat, bien qu'étrangers à la querelle qui y avait donné lieu.

Le duel de la Châtaigneraie et de Jarnac, auquel il est fait allusion dans Brantôme, eut lieu le 10 juillet 1547, dans la cour du château de Saint-Germain-en-Laye. Le matin du jour où le combat devait se livrer, la Châtaigneraie avait prié à souper plus de cent cinquante gentilshommes de la cour. Le malheureux n'eut pas le plaisir d'y assister. — On sait comment il fut tué. — Sa mort produisit au surplus, un effet salutaire sur l'esprit de son maître, car il fut, dit-on, si contrarié de la perte de son favori, qu'il jura solennellement dès ce jour, d'abolir ces sortes de combat.

Mais que peut faire un édit contre une coutume passée dans les mœurs. Toutes les rigueurs dont on usa ne firent qu'attiser davantage la passion des duels, et le Pré-aux-Clercs vit tout autant de sang couler qu'auparavant.

Le lendemain, de bon matin, deux barques quittèrent la rive droite de la Seine et s'avancèrent à force de rames, vers le Pré-aux-Clercs situé sur l'emplacement qui s'étendait de l'abbaye de Saint-Germain et de la rue des Saints-Pères, jusqu'à l'esplanade des Invalides. — Il faisait un temps gris et sombre ; une brume épaisse flottait sur le fleuve ; on n'eût pu rien distinguer à une portée d'arquebuse. Les deux barques marchèrent de conserve pendant quelques minutes, et finirent par se dépasser en approchant de la rive opposée. Dans la première, étaient le fils aîné du prévôt et ses deux témoins, dans la seconde, Rustique accompagné de Coquastre et de d'Aubigny. Georges causait bruyamment avec ses compagnons, qui lançaient de temps à autre un regard insolent et provocateur sur la barque voisine. Rustique était sérieux et grave, et mettait tous ses soins à calmer et contenir les colères grotesques de d'Aubigny.

— Par la mort-diable, grommelait ce dernier, j'admire votre sangfroid et votre longanimité, messire Rustique, à votre place, je me serais déjà jeté dans la Seine pour aller châtier, comme il convient, leurs lâches provocations.

— Il y a un obstacle à ce que j'agisse ainsi, répondit Rustique.

— Lequel?

— Je ne sais pas nager.

—C'est une raison ; mais le feu de saint Antoine me arde, si je leur fais merci.

— Soyez tranquille, d'Aubigny, personne n'est plus que moi disposé à bien se comporter, et je jure Dieu, que l'une de ces barques remportera tout à l'heure un cadavre.

Comme Rustique achevait ces mots, la barque touchait le bord. Ils payèrent aussitôt le *passeur*, lui recommandèrent de les attendre et se hâtèrent de rejoindre leurs adversaires.

Les deux barques avaient abordé au même endroit ; elles furent amarrées au même pieu sur le rivage; les deux *passeurs* se connaissaient de longue date, et ils avaient, en outre, l'habitude de ces sortes d'affaires, — quand donc Rustique eut disparu avec ses témoins, ils s'allongèrent paresseusement sur le sol, comme de nos jours, deux lazzarones, sur les quais de Naples, et attendirent, tout en devisant de choses et d'autres, le dénoûment du drame qui se jouait à quelques pas.

— M'est avis, dit le premier en clignant de l'œil, que nous n'attendrons pas longtemps ce matin...

— Pourquoi cela?...

— C'est le fils du prévôt que j'ai passé.

— Ah! ah! J'en ai ramené quelques-uns qu'il avait maltraités.

Les deux hommes se mirent à rire

— Pourvu que le guet n'ait pas été prévenu, reprit le premier bientôt après.

— Bah ! est-ce qu'il oserait !...

— On ne sait pas...

— Par Saint-Jacques, si cela était, celui que j'ai passé, devrait un fameux cierge à son patron.

— Qui est-ce donc ?

— Je l'ignore.

— Quelque gentilhomme de province.

— Peut-être bien.

— Il n'est pas heureux pour son début.

Un des deux *passeurs* se rapprocha à ce moment de son compagnon, et se pencha mystérieusement à son oreille. — Son visage avait tout à coup revêtu un air soucieux et sombre.

— C'est égal, dit-il à voix basse, il s'est

passé ce matin, quelque chose qui m'a donné à penser.

— Quoi donc? répondit l'autre.

— Juste au moment où les trompettes du Châtelet annonçaient le lever du soleil, j'ai vu une barque se détacher du bord, et courir vers le large, en se dirigeant du côté du Pré-aux-Clercs.

— Et qu'y avait-il dans cette barque?

— Un homme et une femme.

— Tu les as vu?

— Sans doute. — La femme, c'était Viviane...

— Et l'homme?

— Mouchy.

Les deux *passeurs* se turent, et leurs regards se portèrent soupçonneusement à droite et à gauche.

— Hum !... fit le plus âgé, je n'aime pas cela... Est-ce qu'il en voudrait à l'un ou à l'autre ?...

— Pourquoi pas à tous les deux ? objecta le plus jeune.

— Eh !... eh !... c'est bien possible... Il fait noir au dedans de cet homme, comme chez le diable... Brr..... j'aime mieux parler d'autres choses.

— D'autant que nos gentilshommes m'ont l'air d'en prendre à leur aise.

— Le fils du prévôt aura trouvé à qui parler.

— Pardieu, je ne serais pas fâché de voir cela.

— Si nous y allions ?

— Je veux bien...

Et ils allaient se lever, quand deux cris

retentirent tout à coup à quelque distance. Deux cris de douleur, de désespoir et de rage!

Les deux hommes pâlirent.

— As-tu entendu? dit le plus jeune.

— Oui!... répondit son compagnon.

— Ils ont fait coup double.

— Le prévôt va être furieux.

— Cela sent mauvais.

Pour la seconde fois, ils échangèrent un coup d'œil significatif.

— Si nous détalions? reprit le premier.

— J'allais le proposer, repartit le second.

— De l'autre côté de l'eau, nous serions à l'abri de toute poursuite.

— Pardieu!

— Et puis le temps est propice..... Par

ce brouillard, M. le chevalier du guet ne verrait pas au bout de son nez !...

— C'est son habitude.

— Partons donc !

— Partons...

Les deux *passeurs* étaient mus, comme on le voit, par les meilleurs sentiments : ils ne demandaient qu'à dégager complétement leur responsabilité qui leur semblait bien compromise dans cette affaire, et ils eussent volontiers abandonné les victimes du duel qui venait d'avoir lieu. Malheureusement ils avaient compté sans Coquastre qui accourut sur la rive, au moment où ils se préparaient déjà à détacher les amarres.

Coquastre était pâle, et paraissait fort agité ; il avait perdu son feutre dans le trajet; son pourpoint était couvert de sang. — Derrière lui marchaient deux gentils-hommes portant le fils du prévôt dans leurs bras, et d'Aubigny et le Lombard soutenant Rustique dans les leurs. — Ces deux groupes avaient un aspect sinistre; le silence qui y régnait, semblait lugubre et poignant. Ils avançaient à pas lents, nul n'osait parler ni respirer.

Rustique et Georges étaient tombés en même temps, percés l'un et l'autre d'un coup d'épée en pleine poitrine. — La blessure était mortelle: il y avait peu d'espoir de les sauver.

Les deux corps furent donc déposés, sans plus attendre, dans chacune des deux barques, et le funèbre convoi reprit lentement sa route vers la rive opposée.

Pendant que ce sombre drame s'accomplissait, un fait qui mérite d'être rapporté, se passait à une autre extrémité de la capitale, vers cet hôtel Saint-Paul, qu'habitait le prévôt de Paris.

Mouchy était allé, le matin même, rendre compte des événements de la nuit au père de Marcelle, et il se hâtait de quitter l'hôtel pour courir vers le Pré-aux-Clercs, où il espérait arriver avant l'issue du duel.

Son cheval l'attendait au bas du perron dont il descendait rapidement les degrés, quand il vit déboucher à l'extrémité de la rue Saint-Antoine, un cavalier qui accourait vers l'hôtel, au galop effréné de sa monture.

Mouchy avait la vüe excellente ; il n'eut pas plutôt aperçu ce cavalier qu'il le reconnut. — C'était un homme d'une taille élevée, aux épaules robustes, au tein cuivré, et à l'œil noir.

— Lui ! murmura Mouchy en se troublant.

Cependant le cavalier avait déjà franchi la distance qui le séparait de l'hôtel ; il sauta lestement à bas de son cheval, et s'élança vers Mouchy. Il était couvert de boue et de poussière, ses vêtements pendaient déchirés, ses cheveux flottaient en désordre.

— Maître, s'écria-t-il, il faut que je vous parle.

— Qu'est-il donc arrivé? demanda Mouchy.

— J'hésite à le dire.

— Est-ce de ton prisonnier qu'il s'agit?

— Il s'est évadé.

— Malédiction!

— Depuis deux mois.

Mouchy lança au cavalier un regard fulgurant.

— Depuis deux mois, répéta-t-il en rougissant de colère, et c'est aujourd'hui seulement...

— Maître, interrompit le cavalier, en ouvrant son pourpoint pour laisser voir sur sa poitrine une plaie saignante encore, depuis quatre jours je puis me lever, et dans ces quatre jours, j'ai crevé trois chevaux pour arriver jusqu'ici.

Mouchy mordait ses lèvres jusqu'au sang ; sa main tordait de fureur le manche de son poignard ; il pâlissait et rougissait vingt fois dans une minute.

— Je l'avais prévu, murmurait-il entre les dents, on a dédaigné mes conseils, on aurait dû le tuer, ou le jeter à la Seine, et maintenant où le prendre, où le chercher?... Par le sang du Christ, il faudra bien que nous le trouvions, cependant...

— Je m'y emploirai de mon mieux, monseigneur, objecta timidement le cavalier.

— Sais-tu au moins quel chemin il a pris?

— On m'a assuré qu'il s'était dirigé vers la capitale.

— C'est cela ; il est venu à Paris avec

le soupçon de son importance, avec le désir de se venger... Quel nom porte-t-il?...

— Je l'appelais Pedro.

— Faible indice.

— Mais il a un autre nom.

— Lequel?

— Nom d'occasion, qu'il s'est donné, m'a-t-on dit, en sortant de prison.

— Et quel est-il?

— Rustique.

Mouchy poussa un cri et saisit vivement la main de son interlocuteur.

— Es-tu bien sûr de ce que tu avances, lui dit-il d'un ton impérieux et bref.

— Parfaitement sûr, monseigneur.

— Ainsi Pedro et Rustique?

— C'est tout un...

La figure de Mouchy resplendit d'une

joie insensée; le sourire revint sur ses lèvres, comme la confiance dans son cœur.

— Allons, allons, maître Carlos, reprit-il aussitôt, tout n'est pas désespéré encore; je jure Dieu qu'avant qu'il se passe huit jours, nous aurons Rustique à notre merci, et sur mon âme, j'entends que cette fois...

— Oh! cette fois, monseigneur, interrompit Carlos, c'est moi qui me chargerai de vous en débarrasser pour toujours.

Mouchy fit un geste d'assentiment; puis il ordonna à Carlos de le suivre, et ils entrèrent ensemble à l'hôtel Saint-Paul.

FIN DE LA PREMIÈRE PARTIE.

DEUXIÈME PARTIE

I

Un bourgeois de Paris au seizième siècle.

La maison qu'occupait le père Blondel était située vers le milieu de la rue du Heaume. — Elle se composait d'un rez-de-chaussée, d'un premier étage et d'un grenier. Le rez-de-chaussée se divisait en une boutique, un magasin considérable et une pièce ouvrant par une seule fenêtre sur la rue. Le premier avait quatre chambres ; l'une était occupée par le père Blondel, la seconde, par la jolie Denise, sa fille, et la troisième par une vieille chambrière du nom de Marthe, qui avait remplacé madame Blondel dans les soins ordinaires du ménage ; la quatrième enfin servait de salle d'honneur et recevait, aux grands jours, les amis politiques de l'honnête armurier. Quant au grenier, on l'abandonnait aux rats, qui paraissaient y vivre en assez mauvaise intelligence avec un vieux chat dont l'entretien était exclusivement confié à dame Marthe.

Les Blondel habitaient cette maison de père en fils. L'enseigne n'avait pas été renouvelée depuis plusieurs générations, et à part quelques modifications insignifiantes dans les dispositions de la boutique, la maison n'avait pas changé.

On descendait de la rue dans la boutique à l'aide d'une marche de pierre, que le temps et un usage fréquent avaient considérablement détériorée. A gauche de la porte était le comptoir mobile derrière lequel se tenait Denise; à droite, quelques panoplies de peu d'importance. Des deux côtés, appendus aux vitres un peu ternes, reluisaient divers objets d'un débit plus usuel, et qui servaient, en quelque sorte, d'appât pour les acheteurs ou les curieux : c'étaient des pommeaux incrustés d'argent, des masses d'armes en fer doré, des fers de hallebarde, couverts d'ornements gravés, des poignards italiens à manche d'ivoire, des mors de bride avec ornements d'applique et découpés à jour, ou encore, des poires à poudre, en cornes de cerf sculptées, des olifants en ivoire, des trousses de veneur, des muserolles allemandes, décorées de lézards, des chanfreins, des éperons en acier ciselé, des hausse-cols en cuivre repoussé, enfin, tout ce qui était de nature à attirer l'attention des connaisseurs. Tout cela était propre, reluisant, frotté de la veille ou du matin.

Le père Blondel avait toujours passé pour un excellent ouvrier, et c'était avec un véritable amour qu'il procédait chaque jour à l'étalage des produits divers de son industrie.

La salle qui venait immédiatement après

la boutique, servait de magasin et renfermait des objets d'une perfection dont la fabrication contemporaine ne pourrait peut-être pas offrir d'équivalent.

La salle présentait un vaste parallélogramme recevant le jour par deux grandes fenêtres à vitrage en plomb : un immense dressoir en bois sculpté occupait la gauche; à droite était tendue, dans toute sa longueur, une tapisserie de haute lice d'un remarquable travail. Le long de la tapisserie, et à distance égale, se tenaient debout, et presque menaçantes, des armures complètes auxquelles l'homme seul manquait : quand au dressoir, il offrait un mélange bizarre, mais artistement distribué, des différentes armes offensives ou défensives dont on faisait usage à cette époque.

Il y avait là de tout un peu.

Des grandes épées allemandes, dites de *cérémonie*, des épées suisses à deux mains, d'une longueur de deux mètres et comme pouvaient seuls en manier les héros de la bataille de Morgarten, des dagues en fer à lames flamboyantes; des marteaux d'armes décorés de chevrons en cuivre rouge et jaune; des brigandines cloutées de cuivre dont la mode était déjà passée, une rondache avec ombilic armé d'une pointe, des cottes de mailles, des casques à soufflet, des morions de piéton en fer poli, etc.

Blondel avait bien d'autres richesses, mais, pour le moment, elles ne se trouvaient point dans la rue du Heaume. Chaque rue était, on le sait, pleine de boutiques du même métier, mais les ouvrages que l'on y fabriquait devaient être, sous peine d'amende, portés aux grandes halles, seul endroit où l'échevinage permît de vendre ou d'acheter ordinairement les marchandises.

Après sa fille, ce que Blondel aimait le plus au monde, c'était cette salle où il renfermait les produits d'un travail intelligent et opiniâtre. Il avait plus d'une fois regretté de n'avoir pas fait un armurier de Coquastre, l'idée lui en était venue bien souvent; il eût voulu trouver un successeur dans le gendre qu'il destinait à sa fille; mais le père l'avait facilement emporté sur l'ouvrier. Blondel comprit que Denise n'était pas faite pour devenir la femme d'un simple commerçant; un tabellion, un homme de robe ou un homme d'épée devait bien mieux lui plaire : et il n'avait pas hésité. C'était la perle des hommes et le modèle des pères : il n'agissait, ne parlait, ne vivait que pour son enfant.

Blondel était un bon bourgeois dans toute l'acception du terme : alors comme aujourd'hui, car le bourgeois n'a pas changé!... — Les siècles ont passé, les révolutions ont ébranlé à diverses reprises l'édifice social du faîte à la base, toute chose, obéissant à la loi naturelle, s'est modifiée ou transformée, le bourgeois seul est resté immuable et obstiné dans sa personnification hybride du sensualisme égoïstede Sancho, et de l'idéalisme humanitaire de Don Quichotte. — Quel poëme héroï-comique que l'histoire du bourgeois, depuis l'heure où il est né à la vie politique et sociale, jusqu'à celle où nous traçons ces lignes! Rien ne lui a manqué; il a eu des courages sublimes, et des enthousiasmes grotesques; tour à tour aveugle ou clairvoyant, il lapidait le lendemain, les idoles qu'il avait élevées la veille, et les générations modernes l'ont vu indifféremment donner le signal de la liberté et courir de lui-même au devant du joug!

L'unique ambition d'un bourgeois du XVIe siècle consistait à mériter une place au grand banc de sa paroisse, ou une dignité quelconque, dans sa corporation ou dans sa confrérie, afin d'entrer plus tard dans l'assemblée des notables, et de devenir successivement prud'homme, échevin, voire même prévôt des marchands.

Pour lui-même, Blondel ne désirait rien, mais pour Denise, il n'y avait pas de prétentions qui lui parussent déraisonnables. Ce n'était pas assez qu'elle fût la fille d'un riche armurier, il fallait encore qu'à la grand'messe, elle pût s'asseoir à une place réservée comme une dame notable, et que dans la rue elle fût reconnue et saluée. Le cœur d'une jeune fille n'est jamais insensible à la satisfaction de toutes ces petites vanités : si j'étais échevin, pensait le bon père, ma fille aurait de l'influence, les voisines le remarqueraient, elles envieraient son sort, et le dépit de ses compagnes doublerait le bonheur de ma Denise : une fois sur la pente de ses rêves, Blondel se demandait naïvement pourquoi il ne deviendrait pas échevin aussi bien que Marteau, le drapier, ou que Grain-d'Orge, le chapelier; l'un était aussi bête que l'autre, et tous deux faisaient, comme l'on dit, la paire. Blondel avait du bon sens et de l'honnêteté, il n'en fallait pas tant pour obtenir cette distinction qu'il ambitionnait.

Ce jour-là, Blondel s'était levé d'assez bon matin, et comme tout bourgeois le devait faire, avant d'ouvrir sa boutique, il était allé à sa paroisse pour assister à une messe basse. Quand il revint, Paris s'était déjà réveillé, et de toutes parts, la vie avait repris son mouvement accoutumé.

Sur son passage, les boutiques s'ouvraient avec un bruit assourdissant de ferrailles ; les voisins et les voisines se saluaient de la voix et du geste ; on se demandait des nouvelles de la nuit ; on racontait ses projets pour le jour : les crieurs commençaient à circuler à travers les rues des différents quartiers, « les uns, portant nu broc d'une main et une tasse de l'autre, s'en vont vantant les qualités des vins de France ; les autres recommandent aux amateurs le miel, la sauce à l'ail, les pois pilés, les fèves chaudes, les poissons des étangs de Bondy, les *roïnsoles* ou couennes de porc grillées, les pommes de Blanduriau ; des tailleurs ambulants offrent de racommoder *surcot*, *mante*, *chape*, *cotte et polisson*, enfin, les garçons baigneurs avertissent les passants, que les bains sont chauds. » — Nous ne sommes point encore si éloignés du Moyen-Age qu'on pourrait le croire, et le Paris moderne a conservé beaucoup de ces allures du passé.

La gent cléricale n'avait garde de rester en arrière, dans un semblable va-et-vient! A cette heure on trouve des bedeaux partout... Ils portent sur leur costume noir et lugubre une dalmatique blanche couverte d'ossements, de têtes de mort et de larmes, et passent le long des maisons agitant leur crécelle criarde, et disant d'une voix funèbre : *Priez Dieu pour les Trépassés !*

C'est encore le matin, que se soldaient certaines contributions levées sur le menu populaire. A ce moment, le *Voyer* parcourait la voie publique, et prenait successivement aux *chaussiers* une paire de chausses ; aux merciers deux aiguilles par semaine ; aux chapeliers, un chapelet de rose en la saison, enfin, et selon leurs ressources ou leur état, à tous ceux qui avaient demandé et obtenu le privilége d'établir *aire au vent, de seoir en la veoirie, de mener coin de rue, ou de jeter ordures sur le chemin du roi !....*

Cependant le père Blondel regagnait à pas lents sa demeure ; il avait dit un *Pater* pour sa femme et un *Ave* pour sa fille, et il revenait la conscience tranquille, en bon chrétien qu'il était, quand au détour de la rue du Heaume, il se sentit frapper sur l'épaule ; il se retourna et laissa tomber une exclamation de surprise.

— Monseigneur, balbutia-t-il en s'inclinant jusqu'à terre, devant l'homme qui venait de l'arrêter.

— Bonjour, messire, bonjour, dit Mouchy avec une gaîté charmante et de bon aloi, ah! par ma foi, vous me voyez fort aise de vous avoir rencontré.

Blondel s'inclina de nouveau :

— Ce m'est un grand honneur, monseigneur, balbutia-t-il, et si je pensais...

— Bien! bien, mon ami, je vous suis obligé..... pour le moment une affaire pressée m'appelle auprès du prévot, mais j'aurai bientôt le plaisir de vous aller voir chez vous.

Blondel pâlit.

— Vous avez, m'a-t-on dit, continua Mouchy en l'observant, sans en rien laisser paraître, vous avez une fille charmante, la sœur de lait de madame Marcelle; précisément hier soir, M. le prévôt me parlait de vous.

De pâle qu'il était, Blondel devint rouge comme une écrevisse.

— De... de moi, bredouilla-t-il, monseigneur le prévôt a eu la bonté de vous parler...

Mouchy fit un sourire équivoque.

— Oui, messire Blondel, M. le prévôt fait un grand cas de votre sagesse, de votre bon sens, de votre honnêteté; il estime que l'on a eu très grand tort de priver jusqu'à ce jour de vos lumières, le conseil de l'échevinage, que tout d'ailleurs peut se réparer, et qu'enfin, messire le prévôt des marchands baisse beaucoup depuis quelque temps.

Blondel faillit suffoquer. Le prévôt de Paris avait daigné parler de lui, il avait loué son bon sens et son honnêteté, il lui donnait à entendre que le prévôt des marchands était déjà bien vieux, et qu'il ne se passerait pas longtemps avant qu'on ne songeât à le remplacer. — Il prit les mains de Mouchy dans les siennes, et les serra avec une tendre et reconnaissante affection.

— Certes, dit-il d'une voix que l'émotion faisait chevroter, le ciel m'est témoin que je n'ai jamais nourri la moindre ambition ; mon unique joie ici-bas, mon seul bonheur, c'est d'avoir une fille, la sœur de lait de madame Marcelle... j'ai passé ma vie humble entre les murs de mon étroite boutique, mon seul désir, monseigneur, était d'y vieillir et d'y finir mes jours... mais si, dans l'intérêt de mes concitoyens, il me fallait renoncer à cette vie paisible et calme, si M. le prévôt le jugeait nécessaire, je n'hésiterais pas, croyez-le bien, à accepter le rang que l'on m'offrirait quels que fussent d'ailleurs les dangers qui s'y trouveraient attachés.

Mouchy fit un signe d'assentiment. — Il avait toutes les peines du monde à ne pas éclater de rire.

— Voilà des sentiments qui vous honorent, répondit-il en gardant son sérieux, je ne manquerai pas de les faire connaître à M. le prévôt, qui les appréciera, j'en suis sûr, comme il convient... Continuez donc, messire dans cette voie de sagesse et de prudence que vous vous êtes tracée, et nul doute que vous ne receviez bientôt la récompense de vos vertus.

Et en prononçant ces paroles avec un sourire ironique, Mouchy partit prompt comme l'éclair, laissant Blondel abasourdi, ravi, inondé de joie, planté droit comme une statue au milieu de la voie publique.

Toutefois, Mouchy avait à peine détourné la rue, qu'il revint en toute hâte sur ses pas.

— Un mot encore, messire, dit-il en se rapprochant de l'armurier.

— Qu'y a-t-il? demanda brusquement celui-ci, comme réveillé en sursaut.

— Vous êtes dévoué au prévôt, n'est-il pas vrai?

— Corps et âme.

— Et vous ne voudriez rien faire qui

pût lui donner lieu de croire qu'il en est autrement ?

— A Dieu ne plaise.

— Eh bien, messire, prenez-y bien garde : votre fils adoptif Coquastre, est lié d'amitié avec un homme qui hait le prévôt, et qui n'est venu à Paris, je le sais, qu'avec l'intention de l'assassiner.

— Que dites-vous ?

— La vérité !

— Mais cet homme...

— Il s'appelle Rustique.

Quand le père Blondel rentra dans sa boutique, il portait le front penché, et ses bras pendaient le long de son corps. La boutique était ouverte depuis longtemps, mais l'armurier n'y prit pas garde, et il alla droit au comptoir derrière lequel il s'assit.

Mille idées confuses lui trottaient par la tête et communiquaient à son sang une sorte de fièvre chaude : il n'avait aperçu ni Denise, ni dame Marthe qui allaient et venaient rangeant toute chose avec un soin minutieux et coquet. — Il songeait à Rustique, à Mouchy et aussi un peu au prévôt des marchands.

Tout à coup il releva la tête.

— Denise, dit-il d'un ton bref et presque impérieux, en s'adressant à sa fille, comment se trouve notre malade ce matin ?...

— Beaucoup mieux, mon père, répondit Denise, sans se déranger de son occupation.

— Il s'est levé ?...

— Oui, mon père.

— Et il peut marcher ?

— Comme vous et moi.

— C'est bon à savoir, continua l'armurier à voix basse, et comme se parlant à lui-même, voilà un garçon dont il est prudent que je me débarrasse au plus tôt, si je ne veux pas perdre les bonnes grâces de monseigneur le prévôt de Paris.

Denise regarda son père... elle l'avait entendu marmoter quelques paroles inintelligibles ; elle s'étonna de lui trouver l'œil brillant d'un feu inaccoutumé, le front haut, le geste presque impérieux ; et elle fit quelques pas vers lui.

— Denise, lui dit alors son père d'un ton de voix singulier, et en regardant si la vieille Marthe ne les écoutait pas, y a-t-il longtemps que tu n'as vu madame Marcelle?...

— Il y a deux jours, répondit Denise.

— Et monseigneur le prévôt?...

— Il était là...

— Tu l'as vu?

— Comme je vous vois...

Blondel respira, et prit les mains de sa fille dans les siennes.

— Dis-moi, mon enfant, reprit-il aussitôt d'un ton doucereux et paterne, tu vois souvent monseigneur le prévôt, n'est-ce pas?

— Oui, mon père...

— Et quand il te rencontre avec madame Marcelle, ne lui arrive-t-il pas quelquefois de te parler de moi?

— Si bien.

— Et que dit-il alors ?...

— Il me demande des nouvelles de votre santé.

— Vraiment !

— De notre commerce.

— Et encore?

— C'est tout.

— Quoi ! plus rien...

— Plus rien...

Blondel fit une grimace, mais l'espoir que Mouchy avait éveillé dans son cœur, y restait néanmoins inébranlable : d'ailleurs, monseigneur le prévôt était prudent ; c'était un devoir de sa position ; il avait agi sagement en ne laissant rien paraître de ses projets à une jeune fille, qui ne les aurait probablement pas compris, et qui aurait pu les divulguer ; Blondel vit dans cette réserve du prévôt, une raison de plus, de croire aux paroles de Mouchy.

Il poursuivit après quelques secondes de silence :

— Ainsi, dit-il, mais cette fois d'une voix plus élevée, notre hôte est mieux ce matin.

— Beaucoup mieux, mon père, répondit Denise qui se remit à présider aux soins de l'étalage.

— Il est hors de danger?

— Tout à fait.

— C'est bien... et j'en suis fort aise autant pour lui que pour nous.

Denise eut un regard de reconnaissance pour son père, elle se rapprocha de lui et glissa ses deux petites mains blanches dans les siennes.

— Voilà une bonne parole, dit-elle avec un soupir, et cela me réconcilie un peu avec vous.

— Que veux-tu dire ?...

— Sans doute ; j'avais pensé jusqu'ici que la présence de Rustique dans cette demeure ne vous était point agréable.

—Et qui te fait supposer que j'aie changé d'avis ?

— Les paroles que vous venez de prononcer, et qui témoignent d'un bienveillant intérêt pour notre hôte.

Blondel essaya un sourire d'échevin.

— Notre hôte, répondit-il avec une certaine fermeté d'intonation qui ne lui était pas habituelle, notre hôte est un homme dangereux...

— Lui !

— Il s'est battu en duel avec le fils du prévôt.

— Eh bien !...

— Eh bien... les ordonnances sur le duel sont rigoureuses, notre bien-aimé roi n'entend pas raillerie sur ce point ; et s'il venait à être constaté que nous avons donné asile à messire Rustique, et que nous avons tenté de le soustraire au juste châtiment qu'il a mérité, il pourrait nous arriver malheur.

— Y pensez-vous.

— J'y pense beaucoup.

Il y eut un silence pendant lequel Blondel se prit à réfléchir, comme eût pu le faire le prévôt des marchands lui-même.

— D'ailleurs, ajouta-t-il, en remuant la tête avec importance, j'ai appris bien des choses sur le compte de messire Rustique.

— Comment?

— Il est poursuivi.

— Pauvre jeune homme...

— Mouchy, le bras droit de monseigneur le prévôt de Paris, ne m'a pas laissé ignorer que ce jeune homme est venu à Paris avec des intentions coupables, criminelles, et il a même ajouté qu'il en voulait aux jours de son maître.

— Rustique ! fit Denise avec un cri d'ironie.

— Rustique ! répéta Blondel, en baissant le ton, comme s'il eût craint qu'on ne l'entendît.

Denise haussa les épaules, et jeta à son père un regard de compassion.

— J'ai toujours pensé, dit-elle de sa

voix fraîche et claire, que vous étiez le meilleur des pères, mais en cette circonstance, j'estime que vous vous êtes montré le plus crédule des hommes.

Blondel releva le front avec vivacité; les idées d'ambition que lui avait soufflées Mouchy le disposaient peu à accepter de pareilles remontrances; il voulut parler, mais Denise poursuivit sans lui en donner le temps :

— Messire Mouchy est la mauvaise foi et la déloyauté en personne, et il portera tôt ou tard la peine de ses méchantes actions...

— Plus bas! plus bas! balbutia le pauvre Blondel qui devint blême.

— Rustique, au contraire, est la franchise et l'honneur même; on ne devrait pas avoir oublié si vite que, sans lui, Hugues serait mort misérablement dans la taverne du père Quinepue, et s'il m'en souvient bien, messire Mouchy lui-même n'a pas toujours été du même avis à son égard.

— C'est vrai... hasarda Blondel.

— Eh bien!... continua Denise, avec une fermeté qu'on n'aurait pas soupçonnée au milieu de tant de grâce et de tant de gentillesse féminines, que messire Mouchy y prenne garde et qu'il se borne à son rôle d'espion, sans y ajouter encore celui de calomniateur... Je n'ignore pas que Rustique est poursuivi, mais je sais aussi que jusqu'à ce jour on a ignoré le lieu de sa retraite.

— Mais on peut le découvrir d'un instant à l'autre, fit Blondel.

— Sans doute.

— Et dans ce cas nous serions perdus.

— Cela n'est pas certain.

— Mais c'est probable.

— Qui le dit?

— Mouchy.

— Il y a son intérêt.

— Son intérêt se confond, dans cette circonstance, avec celui de monseigneur le prévôt, et le prévôt est furieux.

— Quand eela serait!... repartit Denise avec un air de défi.

Blondel frissonna; c'était la première fois de sa vie qu'il se trouvait dans une pareille complication; ses oreilles bourdonnaient; il avait sérieusement peur.

— Voyons, voyons ! Denise... mon enfant, reprit-il presque aussitôt d'un ton qu'il essayait vainement de rendre calme, il n'est pas prudent de jouer avec des dangers aussi réels ; tu savais que Rustique était poursuivi, tu as eu tort de ne pas m'en prévenir... Il ne faut pas nous exposer à perdre les bonnes grâces de monseigneur le prévôt pour un jeune homme que j'estime, assurément, comme il le mérite, mais qui ne nous est rien, après tout ; d'ailleurs, Rustique est mieux, tu me l'as dit ; il s'est levé, il marche dans sa chambre ; eh bien, il pourra aussi bien marcher dans la rue... à son âge, on a besoin de prendre l'air... l'exercice lui fera du bien ; il faut qu'il parte...

Blondel parlait avec beaucoup de vivacité; son geste était saccadé, impérieux, une rougeur subite avait coloré ses joues; son regard contraint n'osait se lever sur Denise... le pauvre homme était partagé entre mille sentiments opposés qui lui enlevaient toute sa présence d'esprit; il avait honte de lui-même, mais il avait plus peur encore de Mouchy.

Cependant aux dernières paroles qu'il venait de prononcer, Denise avait laissé échapper un cri d'étonnement, tandis que la vieille Marthe s'était arrêtée au milieu de la boutique, en joignant les mains et en levant les yeux vers le ciel...

— Mon doux Jésus! s'écria-t-elle d'un accent lamentable, est-il Dieu possible que l'on veuille mettre ce pauvre jeune homme sur la rue...

Le père Blondel avait bien entendu le cri d'étonnement de sa fille, mais l'exclamation de la vieille Marthe parut le frapper seule, et il tourna vers elle un regard courroucé :

— Çà, dit-il d'une voix éclatante, suis-je maître ici, ou faudra-t-il que j'aie à supporter, tous les jours, les remontrances de gens ridicules et sots... Me prend-on, d'aventure, pour Jehan l'étuviste, ou pour Thibaut l'éperonnier?... Eh bien! il faudra changer d'avis et baisser le ton, dame Marthe, je vous en préviens, car j'entends qu'à l'avenir, toute observation cesse quand j'aurai parlé... or, je l'ai dit, et je le répète, et ce, quoi que vous en ayez, messire Rustique sortira de céans, avant demain matin... il sortira parce que je le yeux, et les personnes auxquelles cela ne conviendra pas, pourront le suivre sur la rue, si tel est leur bon plaisir...

Tout en parlant ainsi, Blondel parcourait la boutique avec agitation, passant et repassant vingt fois auprès de Denise, sans oser jamais lever les yeux sur elle. Le silence de sa fille l'inquiétait; il savait bien qu'il ne suffisait pas d'avoir raison contre dame Marthe, et pressentait vaguement qu'il allait avoir à compter avec Denise. En attendant, il s'étourdissait de ses propres paroles, et reculait le plus qu'il pouvait le moment critique. Mais Marthe était allée se réfugier dans l'office, il était maintenant seul avec sa fille, et il se hasarda encore à lui jeter un regard furtif.

Il s'arrêta stupéfait au milieu de la

boutique, et sa voix se glaça dans son gosier...

Denise était là, pâle, les bras pendants, le regard interdit et troublé. — Une larme tremblait au bord de ses paupières, et son sein gonflé se soulevait avec effort. Blondel était préparé contre la colère de Denise, il se trouvait sans force contre sa douleur.

— Denise! s'écria-t-il, en se précipitant éperdu vers sa fille, Denise, ma pauvre enfant, pourquoi pleures-tu?...

Denise fit une mine boudeuse, et tourna la tête :

— Je ne pleure pas, répondit-elle, en essuyant ses larmes.

— Mais tu es pâle....

— C'est possible.

— Tu souffres ?

— Non...

— C'est cette maudite Marthe qui est cause de tout... elle m'a contrarié, je lui ai parlé rudement, et cela t'a fait peur.

— Ce n'est pas Marthe, mon père.

— Alors, c'est Rustique... eh bien, il partira, et avant demain, et tout de suite... et...

— Et les personnes auxquelles cela ne conviendra pas, pourront le suivre sur la rue...

— Certainement.

— C'est votre volonté...

— N'est-ce aussi la tienne ?

— Pourquoi pas ?... répondit Denise du ton d'une enfant gâtée...

Blondel réprima un mouvement d'impatience, et essaya un sourire contraint.

— Alors, reprit-il tu veux donc qu'il reste ?

— Je n'en sais rien.

— Mais cela te ferait plaisir?

— Puisque vous ne le voulez pas....

— Eh ! il s'agit bien de moi, méchante enfant. N'est-ce pas de toi seule que l'on s'inquiète ici... n'est-ce pas ma Denise qui commande chez nous ?... Allons... il restera, nous le garderons près de nous, jusqu'à ce que sa guérison soit complète, rien ne sera changé dans nos habitudes, et vous continuerez, Marthe et toi, de faire du vieux Blondel, tout ce que vous voudrez, est-ce cela ?...

Denise se jeta avec une joie manifeste au

cou de son père, qu'elle baisa tendrement au front.

— Ah! je l'avais bien dit, s'écria-t-elle, vous êtes le meilleur des pères!

II

Du bon stratagème qu'inventa d'Aubigny pour égarer les recherches de Mouchy.

Le soir, Rustique se trouvait seul dans la chambre qu'il devait à la générosité de Blondel : quinze jours s'étaient écoulés depuis le moment où il avait été rapporté, presque mourant, par Coquastre et d'Aubigny, chez l'honnête armurier, et grâce aux soins dont il avait été l'objet, il était à cette heure en pleine convalescence.

Il n'y avait que deux jours qu'il se levait, il avait beaucoup souffert, il était bien pâle encore, mais les soins de Denise et de Marthe avaient commencé la guérison, et le souvenir de Marcelle l'avait achevée.

Le couvre-feu était sonné, tout le monde dormait dans la demeure de Blondel, Rustique, accoudé à la fenêtre de sa chambre, songeait à tout ce qui s'était passé depuis quelques jours.

Il faisait une belle nuit étoilée ; la lune découpait dans la rue de bizarres silhouettes ; de toutes parts régnait un silence profond, interrompu, de temps à autre, par le cri plaintif et monotone des girouettes.

La rue du Heaume s'allongeait étroite et longue, il était rare que passé neuf heures on y entendît aucun bruit; toutes les fenêtres étaient solidement barricadées, et les portes verrouillées et cadenassées, comme pour un siége.

Rustique plongeait son regard dans les sombres détours de la rue; il suivait, sans attention, les losanges capricieux que la lune décrivait sur le pavé inégal; il était triste, préoccupé, inquiet.

Le matin, il avait entendu la discussion qui s'était élevée entre le père Blondel et sa fille, et une suprême amertume emplissait son cœur.

Il venait à peine d'échapper à la mort, et voilà qu'il se trouvait déjà aux prises avec les réalités poignantes de la vie. Rustique avait trop de générosité dans le cœur, pour accepter jamais le dévoûment de Denise; s'il y avait quelques dangers à redouter, il ne voulait pas que d'autres en courussent les chances; il était seul au monde, lui, aucun lien ne l'attachait à la vie, il ne craignait aucune catastrophe, il pouvait hardiment présenter sa poitrine à toute éventualité...

D'ailleurs, il y avait en lui une ardeur, une audace, une impatience natives qui lui faisaient désirer de sortir à tout prix de l'impasse où les derniers événements l'avaient enfermé; il pressentait qu'une lutte l'atttendait au dehors, et si jamais homme avait été formé en prévision d'une lutte quelconque, c'était bien lui. — On lui avait parlé de Mouchy, et c'était précisément Mouchy qn'il voulait pour adversaire; il savait déjà qu'à Paris, on ne gagne sa fortune qu'à la pointe de son épée, et il avait sa fortune à faire, et l'épée qui pendait à son côté en valait certes bien une autre...

Et puis... le souvenir de Marcelle ne l'avait pas quitté... aux jours les plus mauvais, pendant ses nuits les plus agitées, c'était elle, elle toujours, qu'il avait entrevue à travers la vapeur fiévreuse de ses rêves; elle lui souriait alors, elle l'appelait à la vie, l'enveloppait de ses plus doux regards, et le berçait de ses plus touchantes paroles.

Rustique s'était relevé à cet appel!.... et depuis, il avait vécu sous la préoccupation d'une double pensée, qni avait poussé des racines profondes dans son cœur. — Mouchy, sa haine; Marcelle son amour!...

Tout se réunissait donc pour l'attirer au dehors; il comprenait qu'il ne pouvait accepter plus longtemps une hospitalité qui menaçait de devenir dangereuse pour ceux qui la lui accordaient. Denise avait bien, il est vrai, décidé son père à supporter sa présence, mais Rustique sentait que sa position devenait fausse, et il ne voulait pas la prolonger davantage.

A mesure qu'il s'abandonnait à ces idées, elles prenaient peu à peu plus d'empire sur son esprit ; il faisait nuit, tout le monde dormait chez l'armurier, trois pieds au plus le séparaient de la rue ; il se sentait assez fort pour rentrer dans la vie réelle ; il irait trouver Coquastre ou d'Aubigny ; il pourrait voir Marcelle, il pourrait tuer Mouchy ! — Cette dernière considération parut le décider.

Il rentra dans la chambre et s'habilla à la hâte.

Il passa son justaucorps, ceignit son épée, se coiffa de son feutre — les mêmes vêtements qu'il portait le jour de sa rencontre avec le fils aîné du prévôt. — Puis, ayant enjambé la fenêtre, il se trouva dans la rue.

Quand il sentit son pied poser sur le pavé, il éprouva un bien-être indicible ; on eût dit qu'il recouvrait pour la seconde fois la liberté, et qu'il échappait à une étroite prison, pour aller à la conquête du monde !

Avait-il souffert, il ne s'en souvenait plus ! Mille dangers le menaçaient, il est vrai ; il pouvait, d'un instant à l'autre, donner dans quelque embûche ; il allait être obligé d'user de ruse pour n'être point découvert ; mais qu'importe, il était robuste, vaillant, aventureux, et il avait survécu à un coup d'épée qui en aurait tué vingt autres, le moyen d'hésiter après cela ?

Il s'éloigna...

Il y avait bien encore un peu de faiblesse dans sa démarche, mais à peine eut-il fait cinquante pas, que ses jambes retrouvèrent, comme par enchantement, leur élasticité nerveuse et que son pied s'appuya sonore et ferme sur le pavé.

De temps en temps il s'arrêtait; moins cependant dans le but de se reposer, que pour respirer à pleine poitrine et admirer le magnifique spectacle de la nuit.

Il y avait fête au ciel — fête splendide — des milliers d'étoiles s'allumaient sur tous les points; la lune montait lentement comme un phare lumineux à l'horizon; les folles brises chassaient au loin les derniers nuages.

Depuis longtemps Rustique était privé d'un pareil coup d'œil. Il venait d'arriver à la place de Grève; et là, appuyé sur les parapets qui le séparaient de la Seine, il regardait avidement autour de lui.

Une heure passa de la sorte, une heure pendant laquelle il ne songea même pas qu'il se trouvait seul, dans un endroit où l'on rencontrait d'habitude plus de *coupeurs de cuir*, que de soldats du guet.

Toutefois, le spectacle de la nuit ne l'absorbait pas tellement qu'il ne pût, de temps à autre, donner un regard à ce qui se passait à ses côtés, et deux fois entre autre ce qu'il vit eut lieu de l'étonner au delà de toute expression.

Une demi-heure environ s'était écoulée depuis qu'il était sur la place de Grève, quand, en se retournant, il aperçut à quelque distance, la silhouette d'un homme accoutré de la façon la plus singulière.

Cet homme portait un justaucorps de l même étoffe que celui de Rustique, un feutre de la même forme, une plume de la même couleur. De loin, et la nuit surtout, c'était à s'y méprendre; — derrière la silhouette marchait, à cinquante pas, un grand diable efflanqué, le visage caché par un chapeau à larges bords, les épaules couvertes d'un long manteau, tombant sur ses talons.

Le premier de ces deux hommes paraissait s'inquiéter fort peu de celui qui le suivait. En passant près de Rustique, il lui fit un geste amical de la main, et prit la direction des petites rues qui entouraient l'Hôtel-de-Ville.

L'homme au manteau continua de marcher sur ses pas, sans ralentir ni presser sa marche, et il disparut peu après, par la même rue, en conservant la même allure raide et flegmatique.

Au XIXe siècle, on eût pu croire à deux ombres chinoises échappées de chez Séraphin. — Au XVIe siècle, Rustique pensa qu'il y avait quelque sorcellerie dans cette exhibition, et il ne put, tout d'abord, se défendre d'une certaine terreur superstitieuse. Mais la crainte avait peu de prise sur son esprit, et dix minutes après, il n'y pensait déjà plus.

Seulement, ce qui l'avait frappé, ce qui l'étonnait surtout, c'était ce costume absolument semblable au sien que portait la première des deux ombres chinoises. Etait-ce une gageure, une plaisanterie, était-ce seulement un hasard?... Il ne savait à quelle explication s'arrêter — la manière de porter l'épée était la même, et tout, jusqu'à la démarche, avait été parfaitement imité. Que fallait-il penser du déguisement de cet homme ? dans quel but l'avait-on pris ?... pourquoi ce geste amical jeté en passant ?... où allait-il ainsi ? Rustique s'adressait mille questions auxquelles il ne pouvait trouver une réponse satisfaisante. — Il aima mieux n'y plus penser.

Mais il n'était pas au bout de ses étonnements.

En effet, comme il allait s'éloigner et se diriger, faute de mieux, vers la demeure de Coquastre ou celle de d'Aubigny, il vit venir à lui un homme exactement semblable au premier, vêtu de la même façon, suivi comme l'autre d'un grand gaillard, enveloppé dans les larges plis d'un manteau brun.

Rustique tressaillit.

C'était le même justaucorps, le même feutre, la même plume, la même épée, la même allure — un Sosie au grand complet.

Cette fois, il n'y avait pas à hésiter ; le doute n'était plus permis : cette promenade à une pareille heure de nuit, dans un endroit écarté, sous un costume si exactement semblable au sien, cachait évidemment un mystère qu'il importait à Rustique d'éclaircir sans tarder.

La première rencontre était déjà fort singulière, la seconde prenait des proportions inquiétantes. Rustique voulut en avoir le cœur net, dût-il, pour atteindre son but, donner dans quelque embûche. Il s'assura donc préalablement que son épée pouvait se tirer facilement du fourreau, et marcha résolument vers l'homme au feutre et à la plume.

Dans le premier moment, ce dernier parut éprouver un inexplicable embarras; il hésita, jeta un regard autour de lui, comme pour voir, s'il ne lui était point possible de se retirer mais quand il eut constaté qu'il était suivi, et que la retraite lui était conséquemment coupée, il fit un geste insouciant, et alla de lui-même à la rencontre de Rustique.

Ce dernier poussa un cri de surprise et de joie en l'abordant.

— Coquastre ! s'écria-t-il en lui prenant les mains.

— Rustique ! repartit Coquastre avec non moins d'étonnement, et comment se fait-il que je vous trouve ici, quand je vous croyais chez le père Blondel ?

— Oh, moi !... répondit Rustique, cela s'explique,.. je m'étais aperçu que depuis quelques jours ma présence pesait à l'honnête armurier, et j'ai pris le parti le plus sage.

— Lequel...

— Celui de m'en aller, sans attendre que l'on m'en prie !

Coquastre sourit.

— Ainsi, vous avez pris la fuite ?

— Précisément.

— Et vous alliez...

— Chez vous, chez d'Aubigny, chez moi... je ne sais au juste.

— Eh bien! nous ferons route ensemble.

— Comme vous voudrez.

Ils allaient se mettre en marche, mais Rustique s'arrêta tout à coup et prit le bras de Coquastre :

— Un mot cependant avant de nous éloigner, dit-il à voix rapide et basse.

—Parlez!... dit Coquastre.

— Maintenant que je vous ai fait connaître comment je me trouvais en ce lieu, et à cette heure, expliquez-moi, à votre tour, pourquoi je vous rencontre sous ce costume, dans un endroit aussi écarté, suivi d'une sorte d'ombre silencieuse, qui est restée plantée là, à cinquante pas, depuis que nous causons.

Coquastre se retourna vivement du côté que lui désignait Rustique.

— Au fait, dit-il, vous avez raison, le plaisir de vous revoir m'avait fait oublier mon ombre.

— Qui est donc cet homme? fit Rustique.

— Je n'en sais rien.

— Mais pourquoi vous suit-il?

— Je l'ignore.

— C'est donc une gageure?

— Nous pourrions le lui demander.

— Quelle est cette plaisanterie?

— Y croyez-vous?

— J'avoue que je m'y perds... dit Rustique, d'autant que ce n'est pas la première énigme de ce genre, qui passe devant moi, ce soir.

Coquastre haussa les épaules.

— L'énigme est facile à expliquer, dit-il alors en se rapprochant de son interlocuteur, et ce que vous avez vu ce soir, est le résultat d'un bon tour que d'Aubigny a cru devoir jouer à maître Mouchy.

— Mouchy ! interrompit Rustique.

— Parlez plus bas, poursuivit Coquastre, en posant un doigt sur ses lèvres, cet homme que vous voyez, qui nous écoute et qui nous entend, car il a l'ouïe fine comme tous les limiers de la police, cet homme est un affidé de l'âme damnée du prévôt.

— Eh bien !

— Eh bien ! mon cher ami, vous n'avez pas su sans doute que le jour qui suivit votre duel avec le fils aîné du prévôt, tout a été tenté pour s'emparer de votre personne.

— Est-ce possible !

— On a apporté même à cette recherche, un acharnement qui m'a causé, dans les premiers moments, des inquiétudes sérieuses, et nous n'aurions jamais pu détourner ni égarer les soupçons, si d'Aubigny n'avait imaginé un stratagème qui nous a réussi jusqu'à ce jour.

— Et quel est ce stratagème ? dit Rustique.

— Il est aussi simple que spirituel, repartit Coquastre ; il consiste, comme vous voyez à affubler quelques écoliers du collége de Montaigu d'un costume exactement semblable au vôtre, et de les envoyer se promener simultanément dans les quartiers les plus opposés de la capitale. — Ainsi cette nuit, pendant que d'Aubigny et moi, nous parcourons les rues qui avoisinent l'Hôtel-de-Ville, deux de nos condisciples fréquentent le Pré-aux-Clercs ou la rue des Sept-Voies ou celle du Fouarre. De cette façon, Mouchy reçoit chaque matin les renseignements les plus contradictoires sur votre compte, et ne sait, en réalité, sur quel point diriger ses recherches.

Le stratagème était en effet assez ingénieux, mais il est évident qu'il ne pouvait tromper longtemps un esprit aussi subtil que celui de Mouchy. Rustique le comprit de suite, et il en fit l'observation à Coquastre.

— Votre observation est juste, répondit ce dernier, aussi, je suis fort aise que vous ayez quitté la demeure de Blondel, où, sans doute, Mouchy ne tardera pas à faire opérer une perquisition. Votre fuite, effectuée en temps opportun, arrange donc toute chose, puisqu'elle délivre Blondel de votre présence, au moment où elle allait réellement devenir dangereuse, et qu'elle nous permet de nous entendre sur les meilleurs moyens à prendre pour vous soustraire aux recherches de votre ennemi.

— Quelle reconnaissance ne vous devrai-je pas! dit Rustique d'une voix attendrie, et en serrant les mains de Coquastre.

— Bah! fit celui-ci avec insouciance, ne parlez jamais de reconnaissance à des écoliers, vous seriez très rarement compris;

parlez-leur plutôt de dévoûment, d'amitié, d'amour, de tout ce qui est jeune et enthousiaste comme leur esprit, de tout ce qui est beau et naïf comme leur cœur; tenez, l'heure où je vous ai connu marquera dans ma vie; j'étais triste, soucieux, inquiet; je n'avais pas un souvenir dans le passé, pas un espoir dans l'avenir... j'étais seul et isolé dans le présent... Que faire?... Vous êtes venu... et dès la première heure, je vous ai voué un de ces dévoûments que rien ne pourra ébranler..... J'avais rêvé l'amour.... Ça été l'illusion sainte de mes jeunes années... le sourire de Denise avait un moment éclairé les sombres profondeurs de mon cœur... hélas, le soleil s'est vite retiré de mes jours... j'avais rêvé l'amour, l'amitié vaut mieux...

ah! j'ai souffert, Rustique, mais je dissimulais si bien ma douleur, que personne n'a soupçonné la blessure; tenez, je vous conterai cette douloureuse histoire quelque jour. Je ne veux plus en parler... D'ailleurs, — et en parlant ainsi Coquastre secoua vivement le front, ce n'est pas de moi qu'il s'agit à cette heure.... Songeons à vous.... la nuit est déjà fort avancée.... Partons.

— Et cet homme?... fit Rustique en désignant l'affidé de Mouchy, qui, aussi immobile qu'une statue, n'avait pas bougé de son poste d'observation.

— Pardieu! vous avez raison, répliqua Coquastre, je ne vois pas ce que nous pourrions gagner à l'emmener; et puisque notre promenade est terminée, il est juste que chacun tire maintenant de son côté.

Coquastre marcha aussitôt vers l'homme au manteau : Rustique le suivait à quelques pas.

— Holà ! l'ami, dit-il à son mystérieux compagnon, êtes-vous dans l'intention de passer la nuit sur la place de Grève?

— Comme il vous plaira, répondit l'homme.

— C'est que je vais rentrer chez moi, je vous en préviens.

— Eh bien, je vous y suivrai.

— Chez moi ?

— Chez vous !

Coquastre partit d'un franc éclat de rire.

— Ah ! il paraît que l'on vous a donné l'ordre de me suivre?

— Précisément.

— Et vous exécutez fidèlement les instructions que vous avez reçues?

— Vous voyez.

— Diable!... mais savez-vous que c'est une mission dangereuse que celle dont on vous a chargé là ?

— Je ne l'ai pas demandé.

— Eh bien, je vous l'apprends.

— Soit!

— Et j'ajouterai que je vous défends de me suivre, et que si, malgré cette défense, il vous prend fantaisie de continuer de marcher sur mes talons, vous ne serez pas le premier homme auquel j'aurai passé mon épée au travers du corps.

En parlant ainsi, Coquastre tira à moitié

son épée du fourreau, et adressa un geste menaçant à son interlocuteur.

Cependant, dès les premières paroles, prononcées par l'homme au manteau, Rustique avait tressailli, et cherché à soulever du regard, le large chapeau qui cachait son front. Cette voix arrivait à son oreille, comme un écho du passé, il se rappelait l'avoir déjà entendue, quelque part, mais elle n'éveillait encore dans son cœur que des souvenirs vagues et confus. Aussi, quand il vit que cet homme s'apprêtait à répondre, il prêta l'oreille avec une anxiété profonde.

L'homme s'était contenté de hausser les épaules.

— J'ignore, répondit-il, quelles sont les habitudes de ce pays, car j'y suis depuis quelques jours seulement ; mais ce que je sais fort bien, messire, c'est que dans mon pays, jamais une épée ne m'a fait peur, et que j'en ai souvent manié de plus lourdes que les vôtres.

— Sur l'honneur, je crois qu'il me raille!... fit Coquastre, en s'adressant à Rustique.

— Je vous préviens seulement, répliqua l'homme.

— N'êtes-vous donc point un affidé de Mouchy?

— Nullement.

— Mais vous le servez, au moins?

— Parce que, dans cette circonstance, le but qu'il veut atteindre est aussi celui que je poursuis.

— Et ce but?

— Ne le devinez-vous pas ?

— Vous emparer de Rustique.

— Mieux que cela...

— Quoi donc ?

— Le tuer !...

Rustique ne put retenir un cri de surprise, cet homme, il venait de le reconnaître ; c'était son ancien geôlier, Carlos, celui qu'il croyait avoir tué avant de s'échapper de sa prison ! — La présence de cet homme à Paris, lui parut d'un mauvais augure ; il enfonça davantage encore son chapeau sur ses yeux, ramena les plis de son manteau sur son pourpoint, et se penchant à l'oreille de Coquastre :

— Partons, lui dit-il à voix basse et rapide.

Coquastre, de son côté, avait déjà deviné une partie de la vérité; et il avait compris, en même temps, combien il importait que Rustique ne fût pas reconnu, surtout par cet homme.

— Eh bien, dit-il à Carlos, en feignant une gaîté de bon aloi, va pour le Rustique, l'ami, et Dieu fasse que vous n'ayez pas à vous repentir si vous vous approchez quelque jour trop près de son épée. Mais, comme cela ne nous regarde pas autant qu'on pourrait le croire, vous me permettrez bien d'aller prendre quelque repos dans mon logis de la rue des Sept-Voies?

— Nous ferons route ensemble, répondit Carlos.

— Vous y tenez donc?

— J'y tiens...

— Partons alors, dit Coquastre en entraînant Rustique, car si je demeurais encore quelques instants ici, je céderais, je crois, à mon penchant et me donnerais le plaisir de trouer le pourpoint de notre compagnon.

Et comme ce dernier ricanait en entendant ces paroles :

— Parbleu, ajouta Coquastre, c'est une occasion que nous pourrons faire naître au premier jour.

— J'attendrai que le courage vous vienne, fit Carlos avec ironie.

Coquastre se retourna et bondit comme une bête fauve à cette insulte sanglante ; c'était la première fois qu'on osait lui adresser une pareille provocation ; il ne se la fit pas répéter, et tira aussitôt son épée, en homme décidé à un combat à outrance et sans merci.

D'ailleurs, cet incident allait lui permettre d'atteindre deux buts d'un même coup: venger l'insulte faite, et offrir à Rustique l'occasion d'échapper aux investigations d'un ennemi dangereux. La certitude de n'obtenir qu'un seul de ces deux résultats eût suffi, en toute circonstance, à lui faire accepter le combat.

— Partez ! dit-il rapidement à Rustique, ne perdez pas de temps, ou ce serait fait de vous.

— Mais, vous-même... dit Rustique qui hésitait.

— Moi, je vais essayer de vous débarrasser d'un homme qui paraît vous haïr sérieusement.

— La haine qu'il me porte me fait trembler pour vos jours.

— Bah ! cela me regarde.

— Cet homme est habile entre tous à manier l'épée.

— Tant mieux, cela durera plus longtemps...

— Ah ! prenez garde.

— Laissez-moi faire.

— Et s'il allait vous tuer cependant ?

— Eh bien, mon ami, dit Coquastre, s'il me tue, vous me vengerez.

— Est-ce votre dernier mot ?

— Pardieu.

— Vous persistez dans votre intention ?

— En douter serait une injure.

— Adieu donc, alors, et que le ciel veille sur vos jours...

— Allez, mon ami, et croyez que demain, nous nous retrouverons rue des Sept-Voies, en compagnie de messire d'Aubigny.

Les deux amis se serrèrent la main avec effusion, et Rustique s'éloigna, quoique à regret, de l'endroit où Coquastre allait peut-être succomber.

Il n'avait pas encore tourné la première rue qu'il entendit le cliquetis de deux épées qui se croisaient avec acharnement.

— C'était Carlos et Coquastre qui commençaient.

III

Le sachet

Rustique avait eu bonne envie de revenir sur ses pas, pour aider Coquastre ou le venger dans le cas où un malheur serait arrivé : après tout, c'était pour lui que le fils adoptif de Blondel s'exposait aux coups d'un redoutable adversaire, Rustique savait avec quelle habileté Carlos maniait une épée, il l'avait vu à l'œuvre, et il pouvait craindre pour Coquastre, les suites du duel qu'il venait d'engager... il hésita quelques minutes, et se demanda, s'il était bienséant qu'il quittât le lieu du combat, sans chercher à se substituer à son ami et à détourner sur lui-même le danger qu'il allait courir; son cœur, son amitié, son courage, tout l'y engageait, la prudence seule l'arrêtait. Rustique ignorait, en effet, quelle relation unissait Carlos à Mouchy. Ces deux hommes avaient confondu leur haine, ils s'étaient alliés mystérieusement; mais dans quel but, pour quels projets redoutables, pour quelle œuvre ténébreuse? Il n'eût pu le dire. —

Ce qui ressortait bien évidemment des paroles de Carlos, c'est qu'il haïssait Rustique et qu'il voulait le tuer ! Il en était de même de Mouchy... Rustique avait affaire à deux haines actives, ardentes, implacables, que sa mort seule devait satisfaire... Que tenter dans une semblable situation ? il ne pouvait qu'user de ruse... dissimuler... fuir... se cacher pour attendre et saisir l'occasion favorable.

Sans doute un pareil rôle était pénible, pour un homme habitué à affronter le danger de front ; mais que faire ? le courage était inutile ; le seul moyen de sortir de cette impasse, consistait à faire usage des mêmes armes que ses ennemis.

Rustique s'y résolut, et il s'éloigna.

Toutefois, et tout en marchant, mille idées assaillirent à la fois son esprit, et il chercha à deviner quel était cet homme singulier qu'on appelait Carlos, et pourquoi il était venu à Paris. Sans doute, Carlos devait nourrir contre Rustique, un ardent désir de vengeance, mais d'où venait qu'il s'était associé à Mouchy, et depuis quand le connaissait-il ?

L'ardeur que Mouchy mettait depuis quelque temps à le poursuivre, était encore un mystère qu'il n'abordait pas sans inquiétude. Mouchy avait commencé par lui témoigner un vif intérêt, puis tout à coup, et sans motif bien explicable, cet intérêt s'était changé en haine. Son amour pour Marcelle, et son duel avec le fils aîné du prévôt, ne pouvaient être les seuls motifs de ce changement, il y avait une autre raison plus puissante, il y avait ce passé ténébreux dans lequel Rustique ne plongeait jamais le regard, et ne portait jamais sa pensée, sans frémir.

L'animosité qu'il venait d'éveiller lui avait tout à coup donné la conscience de son importance. On ne hait point avec tant d'ardeur un homme étranger à ce monde dans lequel il s'était introduit par hasard. Une fois sur cette pente, Rustique remontait de souvenirs en souvenirs jusque vers les jours enfuis de son passé, et il se demandait pourquoi on l'avait retranché, pendant près de vingt années, du nombre des vivants ; Mouchy, Carlos, ces deux hommes qu'il retrouvait tout à coup sur son chemin, ardents à le poursuivre, et préparant sa perte, ces deux hommes avaient donc le secret de son existence.

Qu'était-il lui-même? — Que ne pouvait-il pas être?

Une émotion profonde sillonna son cœur.

C'était la première fois qu'il arrêtait sa pensée sur des réflexions de cette nature. Il avait jusqu'alors accepté la vie telle qu'elle lui était faite, amère, triste, décolorée, solitaire; il s'était habitué peu à peu à cet isolement, et il ne pensait même pas qu'il y eût d'autre existence que la sienne. Aucun lien ne l'attachait au passé, aucun à l'avenir, il était disposé à quitter ce monde sans y laisser un regret, comme il croyait y être entré sans éveiller une joie.

Depuis quelques secondes, tout était changé.

L'acharnement de ses ennemis, au lieu de l'abattre, l'avait pour ainsi dire relevé à ses propres yeux. Il se sentait moins seul dans la vie. — Qui sait? — Peut-être avait-il, comme tous, une mère, une sœur, un père qui l'aimait, et veillait sur lui?... un voile impénétrable couvrait son passé; toute supposition était permise. — Qui sait encore? — Peut-être était-il digne par sa naissance, par son nom, de devenir un jour l'époux de Marcelle?...

A l'aide de ces réflexions, Rustique avait fait du chemin. — Il marchait un peu à l'aventure, sans trop savoir quelle route il suivait, et maintenant il se trouvait dans un endroit fort écarté, très désert, situé en face de l'Ile-aux-Vaches, et par lequel on n'avait jamais vu, de mémoire d'homme, passer le moindre peloton de soldats du guet.

C'était à deux pas de la Seine, dont les flots sombres venaient battre la berge avec un bruit sinistre.

Il n'y avait là qu'une mauvaise masure qui paraissait même inhabitée, tant elle avait souffert de la pluie et du vent. — Un volet démantelé et vermoulu défendait la fenêtre, la porte était faite de morceaux de bois mal joints, et le toit, depuis longtemps affaissé, menaçait de descendre au rez-de-chaussée. Tout cela avait un aspect triste, lugubre, sauvage : ce ne pouvait pas être l'habitation d'un être humain.

Dans tout autre moment, Rustique n'aurait pas pris garde à cette misérable masure, mais il sortait des rêves qui l'avaient si profondément agité, et comme il vint à s'apercevoir qu'il avait fait fausse route, il promena, pendant quelques secondes, son regard étonné sur les objets qui l'entouraient, et l'arrêta sur l'habitation dont nous parlons.

Un frisson glacé parcourut alors ses membres, et il porta instinctivement la main sur la poignée de son épée.

C'est qu'une lumière venait de briller à l'intérieur de la masure, et qu'un cri terrible s'y était fait entendre.

Cri d'épouvante, de rage et de désespoir.

Rustique tira son épée et ne fit qu'un

bond jusqu'à la porte. Là, un spectacle poignant s'offrit à son regard.

A l'intérieur, il y avait deux hommes qu'il reconnut du premier coup d'œil, — l'un était le Lombard ; l'autre, Jacques-le-Majeur. Le Lombard était armé d'un poignard, l'autre, d'une épée ; tous les deux semblaient s'apprêter à attaquer un troisième personnage qu'ils avaient déjà acculé contre la muraille, et que l'ombre ne permettait pas à Rustique de distinguer.

— Au meurtre!... à l'aide!... criait la victime d'une voix désespérée.

Une voix jeune, étranglée par l'épouvante.

Mais les deux assassins n'avaient garde de se laisser attendrir, et Jacques-le-Majeur continuait ses terribles attaques contre lesquelles la victime avait beaucoup de peine à se défendre.

Rustique ne put rester longtemps spectateur indifférent d'une pareille scène; tous ses instincts généreux se révoltèrent à la fois, et sans consulter le danger il se rua de toutes ses forces contre la porte qui vola en éclats.

Il y eut alors un temps d'arrêt.

Le Lombard et Jacques se regardèrent un moment indécis; c'étaient deux adversaires au lieu d'un; la partie s'égalisait, l'issue en devenait douteuse.

Cette suspension dura à peine une seconde, mais elle suffit à Rustique pour se rapprocher de celui qu'il venait sauver, et pour le reconnaître.

C'était Amaury, le troisième fils du prévôt.

— A nous deux ! dit Rustique, en prenant place à côté du frère de Marcelle.

Amaury ne trouva pas une parole à rédondre, mais il lui tendit la main, qu'il serra avec effusion.

Cependant, le Lombard et Jacques avaient paru se consulter ; Jacques venait de baisser la pointe de son épée, et le Lombard fit un pas vers les deux jeunes gens. Son œil brillait d'un éclat fauve ; il tenait toujours dans sa main le manche de son poignard.

— Messire, dit-il en s'adressant à Rustique, êtes-vous donc si las de vivre, que vous venez follement vous jeter au travers de notre colère et de nos épées ?

— Je ne redoute ni vos épées, ni votre colère, répondit Rustique, en fouettant l'air de son arme.

— Cela n'est pas prudent, jeune homme.

— Finissons.

— Voici la seconde fois d'ailleurs qu'il vous arrive d'enlever à ma vengeance la victime que j'allais frapper.

Rustique releva le front.

— Pardieu, je l'ignorais, maître Lombard, dit-il avec un certain enjouement ironique, mais si cela est, je m'en félicite.

— Et cependant, jeune homme, poursuivit le vieux Lombard, dont la colère grandissait à mesure qu'il parlait, voilà vingt années que je prépare ma vengeance, vingt années que j'attends l'heure ; ah !... vous ne savez pas cela, vous ; tenez... ils ont été cruels, impitoyables, lâches; ils m'ont enlevé, ils ont assassiné tout ce qui faisait ma joie, mon bonheur, ma vie à moi... ma femme... mon enfant... les misérables. — Et je ne suis pas mort cependant... et j'ai vécu... et j'ai voulu vivre, parce que je voulais me venger... Écoutez, messire Rustique... je ne vous connais pas, je vous ai rencontré une fois par hasard... vous êtes jeune, vous entrez à peine dans la vie... vous n'avez pas même le soupçon des mystères sanglants qui s'y trament... Eh bien!... je vous le dis... passez sans regarder... ne vous mêlez pas à ces drames terribles... ne vous arrêtez pas à les approfondir... cela porte malheur... croyez-moi... défiez-vous de ces entraînements du cœur, auxquels la jeunesse obéit sans réflexion... et laissez s'accomplir la justice de Dieu.

Un silence de quelques instants succéda à ces paroles; mais quelque étranges qu'elles fussent, elles ne pouvaient rien changer à la résolution de Rustique. Et quand le vieux Lombard eût cessé de parler, il indiqua la porte à Amaury d'un geste vif et prompt.

— Messire, lui dit-il, le discours de maître Lombard n'a rien qui puisse nous arrêter, une issue nous est offert, hâtons-nous d'en profiter, partons!

Et ils allaient s'élancer vers la porte, quand ils s'aperçurent que le vieux sculpteur les y avaient devancés, tandis que Jacques le Majeur faisait lui-même quelques pas vers la fenêtre.

— Arrêtez! s'écria le Lombard pâlissant.

— Encore! fit Rustique avec impatience.

— Ainsi, vous ne tenez aucun compte de l'avertissement que je vous ai donné.

— Arrière!...

— C'est en vain que je vous ai prié...

— Laissez-nous passer.

— Messire Rustique, ce n'est cependant pas à vous que j'en voulais; en vous unissant au fils du prévôt, vous me forcez à vous confondre avec lui dans ma vengeance... prenez-y garde....

Rustique fit un pas vers lui :

— Soit! dit-il aussitôt, comme s'il eût obéi à une résolution soudaine, je ne croiserai pas l'épée contre vous, et ne tenterai pas de franchir l'issue que vous défendez :

il ne serait pas juste d'ailleurs que deux jeunes hommes s'unissent contre un vieillard... à vous donc cette porte, messire Amaury, et faites pour le mieux ; quant à moi, je me charge de ce truand qu'on nomme Jacques le Majeur, et qui va rendre compte dans un instant de tous les crimes dont il s'est rendu coupable. En avant donc et que le ciel vous garde.

Ce disant, Rustique se dirigea, l'épée haute, vers Jacques le Majeur qui l'attendait.

Des deux côtés, la lutte commença aussitôt.

Dès qu'il s'était vu en face du seul fils du prévôt, le vieux Lombard avait poussé un cri de joie sauvage. Sa taille s'était redressée de toute sa hauteur, il avait replacé son poignard dans sa gaîne et tiré son épée du fourreau, et ainsi armé, il attendait de pied ferme.

On n'eût plus dit le même homme!... son visage anguleux avait revêtu tout à coup un air d'audace souveraine; sa main crispée serrait fiévreusement la poignée de son épée, son regard éclatait de colère, de haine et de rage.

Il était terrible à voir!

Le dos collé contre la porte, l'œil fixé sur Amaury, son épée serrée contre sa poitrine, il semblait étranger à tout ce qui se passait à ses côtés. Que lui importait le résultat de la lutte engagée entre Rustique et Jacques; que Rustique succombât ou que ce fût Jacques, où était le mal? Lui, au contraire, il était venu pour tuer Amaury, et il ne fallait pas que le fils du prévôt pût s'enfuir ; il ne fallait pas qu'il reparût vivant devant son père.

Car, c'était bien plutôt le père qu'il voulait frapper que le fils, son épée ne cherchait Amaury, que parce qu'il savait bien que derrière lui il rencontrerait le prévôt. Il avait trouvé maintes occasions de tuer ce dernier ; la nuit, le jour, à toute heure, il s'était présenté cent fois à deux lignes de son poignard ; un geste suffisait. Le vieux Lombard n'avait pas voulu.

Il y avait entre ces deux hommes, une de ces haines vivaces et fortes, que font vivre longtemps, quand elles ne tuent pas du premier coup. La cause de cette haine était cachée dans les mystères de quelque drame ténébreux ; nul ne la connaissait peut-être, le souvenir en était resté enfoui dans le passé... Il n'avait survécu que dans le cœur du vieux Lombard !

Un drame redoutable... Nous le raconterons plus tard.

Pendant vingt années, il avait caché son secret, comme un avare cache son trésor ; il s'était dissimulé à tous les regards, il avait fui, on l'avait cru mort... On comptait bien peut-être qu'il reviendrait, mais les années s'étaient écoulées, et l'on avait cessé de l'attendre.

Un jour cependant, il avait reparu, et ce fut vraiment douloureux de voir comment ces vingt années passées dans l'isolement et la solitude, avait brisé sa forte et robuste nature.

On lui eût donnné soixante ans; il en avait à peine cinquante.

Cette apparence de vieillesse anticipée, était peut-être elle-même une ruse; en voyant passer ce vieillard débile, courbé, amaigri, l'œil terne, les cheveux rares et blancs, on pouvait penser que le corps et l'âme s'étaient parallèlement affaiblis, que l'énergie s'était éteinte, qu'ils n'y avait plus en lui rien de vivant, pas même le souvenir. Tout le monde s'y était trompé... Tout le monde, excepté Mouchy !

Mouchy veillait; cette nature extraordinairement active, ardente, vivace, avait tout deviné du premier coup d'œil. Il savait bien, lui, qu'on ne meurt pas, quand on porte une pareille haine dans le cœur: il connaissait le Lombard; parce qu'il aurait fait lui-même, il jugeait de ce qu'il devait faire!

Mais le Lombard était doué d'une patience qui défiait tout obstacle; il n'avait pas attendu jusqu'alors, pour perdre en un jour, en une heure, le fruit de vingt années de souffrances inouïes. Le jour où il avait reparu, le plus jeune des fils du prévôt avait failli périr sous le poignard d'un assassin.

Aussi quand il se vit en face d'Amaury, et qu'il sentit son épée trembler contre la sienne, il retrouva tout à coup, et comme par miracle, la vigueur de ses jeunes années, son cœur se prit à battre avec une violence inusitée, et il chercha énergiquement à se frayer un chemin jusqu'à la poitrine de son adversaire. C'était une lutte désespérée, ou de part et d'autre on ne s'épargnait pas. Déjà le fils du prévôt avait reçu plusieurs blessures profondes, son sang coulait en abondance sur son pourpoint, et lui enlevait peu à peu une partie de ses forces. Le vieux Lombard ne perdait rien de ses avantages ; la vue du sang semblait, en l'énivrant, redoubler encore son ardeur ; au milieu de sa colère, il calculait ses coups avec une lucidité prestigieuse, son épée tournoyait, à l'éblouir, autour de son adversaire ; il ne lui accordait ni repos ni trêve, poursuivant sa victoire avec un acharnement qui tenait de la cruauté, il profitait de tous les hasards que lui offrait le combat, et plus d'une fois sa pointe faillit disparaître dans la poitrine d'Amaury.

Pour un spectateur désintéressé, ce combat présentait un poignant intérêt. — Il y avait quelque chose d'insolite, de bizarre, de monstrueux même dans cet acharnement d'un vieillard contre un jeune homme ; toutes les chances étaient évidemment pour ce dernier ; Amaury comptait vingt-cinq années au plus ; ce n'était pas la première fois qu'il se servait dé son épée, on ne l'avait jamais provoqué en vain ; il était robuste, agile, courageux... et cependant, voilà qu'un petit vieillard, maigre et chétif, l'obligeait à rompre et à demander merci ! Amaury pressentait vaguement que c'était fait de lui et qu'il allait mourir ; une singulière préoccupation dominait son esprit ; les regards de son adversaire le troublait malgré lui, et il se demandait avec une mystérieuse épouvante, à quelle cause attribuer la haine sanglante que lui avait vouée cet homme.

Tout à coup cependant le vieux Lombard s'arrêta.

Il venait d'acculer Amaury contre la muraille, et au moment de lui passer son épée au travers le corps, ce qu'il eût pu faire sans danger, il releva son arme, et un frisson glacé parcourut ses membres.

Il se retourna...

A quelques pas, Rustique et Jacques-le-Majeur avaient, en ferraillant, brisé leurs épées, et maintenant ils continuaient la lutte à bras-le-corps.

Dans tout autre moment peut-être, Rustique n'aurait pas craint de jouter avec un adversaire de la force de Jacques, mais ses blessures étaient à peine fermées, la veille encore il gardait le lit; la fièvre ne l'avait pas quitté, il était faible... il souffrait...

C'était une victime vouée d'avance à la mort... et l'issue du combat ne fut pas longtemps douteuse...

Quelques minutes à peine s'étaient écoulées qu'il tombait aux pieds de Jacques, les vêtements déchirés et sanglants, en proférant une imprécation pleine de désespoir.

Ce dénoûment prévu d'avance, n'était pas de nature à arrêter le vieux Lombard, et bien qu'il eût tressailli au cri poussé par Rustique, il l'eût volontiers cependant abandonné à la colère de Jacques, pour poursuivre lui-même plus sûrement sa victoire, si un incident singulier n'était venu lui inspirer d'autres sentiments.

Jacques-le-Majeur y allait de la belle façon; Rustique une fois abattu, il lui avait posé le genou sur la poitrine pour lui ôter toute liberté de mouvement, et l'œil froid, le geste assuré, il le menaçait de son poignard. — On voyait bien qu'il avait l'habitude de ces sortes d'affaires.

Toutefois, au moment où sa main déchirait déjà les vêtements de sa victime, pour mieux reconnaître l'endroit où il devait frapper, le Lombard bondit tout à coup vers lui, pâle et effaré, et retint violemment son bras.

— Arrêtez! cria-t-il d'un ton d'autorité qui n'admettait pas de réplique.

Jacques-le-Majeur le regarda avec stupeur, tandis que Rustique se remettait à tout hasard sur la défensive.

— Etes-vous donc devenu fou? objecta Jacques en faisant une redoutable grimace, et croyez-vous que ce soit un jeu d'enfant que celui-ci?...

Mais le Lombard ne prenait garde ni aux paroles de Jacques, ni à son air menaçant; son regard ardent et fixe s'était attaché sur Rustique, et il ne le quittait plus; sa poitrine se soulevait avec précipitation, de temps à autre, sa main convulsive et crispée passait sur son front et dans ses cheveux, une fois même une larme glissa de sa paupière et alla sécher sur sa joue brûlante.

Un étrange combat se livrait en lui; les impressions les plus diverses, les sentiments les plus opposés, venaient, tour à tour, se refléter sur son visage, et l'esprit en proie à mille irrésolutions, il se demandait à quel sentiment il lui fallait céder.

Enfin, il parut faire un violent effort sur lui-même, sa main passa une dernière fois sur son front chauve, et ayant jeté loin de lui son poignard et son épée, il fit quelques pas vers Rustique qui restait confondu, partagé entre l'étonnement et la crainte.

— Messire, dit alors le Lombard, en indiquant la porte à Rustique, je ne veux pas continuer plus longtemps une lutte où vos jours pourraient être menacés; cette issue est libre désormais, et vous pouvez vous éloigner sans redouter de nouvelles attaques.

— Et le fils du prévôt sortira d'ici sain et sauf avec moi, dit Rustique.

— Il le peut...

— Mais d'où vient ce changement?

— Qu'importe.

— Encore, serais-je désireux de savoir...

— Eh bien! si vous tenez à connaître les motifs qui me déterminent à agir ainsi, trouvez-vous demain soir auprès de l'hôtel Saint-Paul.

— Vous y serez?

— Je vous le promets.

— Et vous me direz...

— Je vous dirai, messire, pourquoi je suis heureux d'avoir protégé et défendu vos jours.

— A demain donc, maître Lombard?

— A demain, messire Rustique.

Et Rustique et Amaury s'éloignèrent en toute hâte.

Le vieux Lombard les suivit un moment du regard, puis quand ils eurent disparu dans la direction de l'Hôtel-de-Ville, et que l'on n'entendit plus même le bruit de leurs pas, il se précipita vivement sur un petit sachet de soie brodé d'or, qui gisait à terre après s'être échappé, pendant la lutte, du pourpoint de Rustique.

Le Lombard l'examina avec une attention inquiète et troublée, balbutia quelques paroles inintelligibles, le tourna et le retourna en tous sens, et finit par le faire disparaître dans sa bourse.

Jacques le regardait faire sans rien comprendre à sa pantomime. — Le Lombard s'approcha de lui et lui frappa familièrement sur l'épaule :

— Maître, dit-il, d'une voix que l'émotion faisait tressaillir, voilà une heureuse nuit, n'est-il pas vrai?

— Comment! fit Jacques.

— Eh quoi!... ne venons-nous pas de sauver deux jeunes gentilshommes de la meilleure venue ; deux enfants, courageux comme leur épée, ils ont vingt ans à peine ; c'eût été dommage vraiment...

— Le feu de saint Antoine vous arde, messire, interrompit brusquement Jacques-le-Majeur, deux gentilshommes en effet, deux enfants, comme vous dites, qui n'auraient pas mieux demandé que de nous passer leur épée au travers de la poitrine...

— Amaury, peut-être... objecta le vieux Lombard, mais Rustique...

— Il ne vaut guère mieux.

— Quel courage !

— Je ne dis pas...

— Quelle ardeur ! quelle générosité !... Et comme il porte fièrement sa belle tête sur ses épaules, comme il présente loyalement sa poitrine à toute attaque : avez-vous jamais vu beaucoup de gentilshommes de cette trempe, maître Jacques ?

— Possible, messire Lombard... Mais il n'en est pas moins vrai que vous avez agi imprudemment en donnant la volée à ces deux écervelés.

— Nous nous en sommes fait deux amis au contraire.

— Est-ce donc là ce que vous cherchiez?

Le Lombard remua la tête et jeta un regard profond à son interlocuteur.

— Ecoute, Jacques, reprit-il après quelques secondes de silence, écoute... jusqu'à ce jour, il est vrai que toutes nos tentatives ont échoué, et chose étrange, elles ont échoué par l'intervention inattendue, providentielle de Rustique... Hugues chez Quinepue, Amaury dans cette habitation, nous avons vainement tendu nos piéges, puisque le premier vit, et que nous venons de laisser partir le second... Mais patience, patience; demain nous porterons le coup le plus terrible au prévôt, et à la profondeur de la blessure, il faudra bien qu'il reconnaisse enfin la main qui aura frappé.

Jacques fit un signe d'incrédulité.

— Hum! je commence à douter, murmura-t-il, en remettant son épée au fourreau.

— A demain.

— En quel endroit?

— L'hôtel Saint-Paul...

— A quelle heure?

— Dix heures.

— Soit! fit Jacques, en se disposant à partir, à demain, messire, mais je renonce au métier, si nous ne menons pas l'affaire jusqu'au bout.

Un hideux sourire effleura à ce moment les lèvres du vieux Lombard.

— Que je meure!... répondit-il avec avec une singulière énergie, si demain soir, la belle Marcelle n'est pas à notre merci!...

Jacques répéta le sourire du Lombard, et tous les deux s'éloignèrent avec précipitation, en prenant la direction de Saint-Jacques-la-Boucherie.

FIN DU DEUXIÈME VOLUME.

Fontainebleau, imp. de E. Jacquin.

NOUVEAUTÉS EN VENTE

LES CONFESSIONS DE MARION DELORME

PUBLIÉES PAR EUGÈNE DE MIRECOURT,

Précédées d'un coup d'œil sur le siècle de Louis XIII, par Méry

---

BALZAC.

Le Provincial à Paris. . . . . 2 vol.
La Femme de soixante ans. . . . . 3 vol.
La Lune de miel. . . . . 2 vol.
Petites Misères de la vie conjugale. . . . . 3 vol.
Modeste Mignon. . . . . 4 vol.

CLÉMENCE ROBERT.

Les Mendiants de Paris. . . . . 5 vol.
Le Tribunal secret. . . . . 4 vol.
Le Pauvre Diable. . . . . 2 vol.
Le Roi. . . . . 2 vol.
William Shakspeare. . . . . 2 vol.
Mandrin. . . . . 4 vol.
Le Marquis de Pombal. . . . . 1 vol.
La Duchesse d'York. . . . . 1 vol.
Les Tombeaux de Saint-Denis. . . . . 2 vol.
La Duchesse de Chevreuse. . . . . 2 vol.

EMMANUEL GONZALÈS.

Mémoires d'un Ange. . . . . 4 vol.
Les Frères de la Côte. . . . . 2 vol.
Le Livre d'Amour. . . . . 2 vol.

HENRY DE KOCK.

La Course aux Amours. . . . . 3 vol.
Lorettes et Gentilshommes. . . . . 3 vol.
Le Roi des Étudiants. . . . . 2 vol.
La Reine des Grisettes. . . . . 2 vol.
Les Amants de ma Maîtresse. . . . . 2 vol.
Berthe l'Amoureuse. . . . . 2 vol.

ÉLIE BERTHET.

Le Nid de Cigogne. . . . . 3 vol.
Le Braconnier. . . . . 2 vol.
La Mine d'or. . . . . 2 vol.
Richard le Fauconnier. . . . . 2 vol.
Le Pacte de Famine. . . . . 2 vol.

ROLAND BAUCHERY.

Les Bohémiens de Paris. . . . . 2 vol.
La Femme de l'Ouvrier. . . . . 2 vol.

Mme CHARLES REYBAUD.

Théresa. . . . . 2 vol.

PIERRE ZACCONE.

Le Dernier Rendez-Vous. . . . . 2 vol.

MÉRY.

Le Transporté. . . . . 2 vol.
Un Mariage de Paris. . . . . 2 vol.
La Veuve inconsolable. . . . . 2 vol.
Une Conspiration au Louvre. . . . . 2 vol.
La Floride. . . . . 2 vol.

PAUL FÉVAL.

La Femme du Banquier. . . . . 4 vol.
Le Mendiant noir. . . . . 3 vol.
La Haine dans le Mariage. . . . . 2 vol.

MOLÉ-GENTILHOMME.

Les Demoiselles de Nesle. . . . . 3 vol.
Le Château de Saint-James. . . . . 4 vol.
Marie d'Anjou. . . . . 2 vol.
La Marquise d'Alpujar. . . . . 1 vol.
Le Rêve d'une Mariée. . . . . 2 vol.

AMÉDÉE ACHARD.

Roche-Blanche. . . . . 2 vol.
Belle Rose. . . . . 3 vol.
La Chasse royale. . . . . 4 vol.

MICHEL MASSON.

Les Enfants de l'Atelier. . . . . 1 vol.
Le Capitaine des trois Couronnes. . . . . 4 vol.
Les Incendiaires. . . . . 4 vol.

SAINTINE.

La Vierge de Fribourg. . . . . 1 vol.

LÉON GOZLAN.

La Dernière Sœur grise. . . . . 1 vol.

P.-L. JACOB.

Mémoires de Roquelaure. . . . . 7 vol.

ROGER DE BEAUVOIR.

L'Abbé de Choisy. . . . . 3 vol.
Mémoires de Mlle Mars. . . . . 2 vol.

EUGÈNE DE MIRECOURT.

Madame de Tencin. . . . . 2 vol.
La Famille d'Arthenay. . . . . 2 vol.

SAINT-MAURICE.

L'Élève de Saint-Cyr. . . . . 2 vol.

PARIS. — IMPRIMERIE SIMON RAÇON ET Cie, RUE D'ERFURTH, 1.

www.ingramcontent.com/pod-product-compliance
Ingram Content Group UK Ltd.
Pitfield, Milton Keynes, MK11 3LW, UK
UKHW020102200726
13856UKWH00002B/340